幼儿舞蹈教学理论与表演技巧分析

张岚 著

中国海洋大学出版社

·青岛·

图书在版编目（CIP）数据

幼儿舞蹈教学理论与表演技巧分析 / 张岚著.-- 青
岛：中国海洋大学出版社, 2023.4
ISBN 978-7-5670-2612-4

Ⅰ. ①幼… Ⅱ. ①张… Ⅲ. ①儿童舞蹈－教学研究
Ⅳ. ①G613.5

中国版本图书馆 CIP 数据核字(2020)第 202005 号

幼儿舞蹈教学理论与表演技巧分析
YOUER WUDAO JIAOXUE LILUN YU BIAOYAN JIQIAO FENXI

出版发行	中国海洋大学出版社		
社　　址	青岛市香港东路 23 号	邮政编码	266071
出 版 人	刘文菁		
网　　址	http://pub.ouc.edu.cn		
电子邮箱	whs0532@163.com		
责任编辑	王晓	电　　话	0532-85901092
印　　制	山东彩峰印刷股份有限公司		
版　　次	2023 年 4 月第 1 版		
印　　次	2023 年 4 月第 1 次印刷		
成品尺寸	170 mm×240 mm		
印　　张	14.25		
字　　数	210 千		
印　　数	1~1000		
定　　价	74.00 元		
订购电话	0532-82032573（传真）		

如发现印装质量问题，请致电 0536-8311611，由印刷厂负责调换

前　　言

当前，随着幼儿园课程改革的深入开展，幼儿舞蹈教育作为一种教育教学手段，显示出与幼儿密不可分的关系，因此对幼儿园教师的专业舞蹈素质也就提出了更高、更严、更科学、更规范的要求。如何根据儿童生理、心理发展的自然规律设计和指导舞蹈教学，启发幼儿主动、积极、创造性地参与及享受教学活动，已经成为广大幼儿教育工作者迫切关心的问题。

幼儿舞蹈是在学前教育阶段对幼儿进行形体、音乐教育的重要手段。在幼儿舞蹈教学的过程中，幼儿舞蹈的教学目标、教学方法、教学活动都值得教师研究和探讨。教师应运用启发、指引、探究等教学方法，在师生互动和生生互动中积极大胆地实践操作，有效地将理论和知识转化为实际教学能力。

本书以"幼儿舞蹈教学理论与表演技巧"为题材，以幼儿舞蹈的内涵与分类为切入点，从第二章到第五章，分别从幼儿舞蹈教育与素质教育协调发展、幼儿园舞蹈教学活动目标与内容组织形式、幼儿舞蹈基础训练与技能训练、幼儿舞蹈教学方法与表演技巧等方面进行论述，多维度地对幼儿舞蹈教学理论与表演技术进行探讨和论述。

本书特点表现为以下几个方面。

一是整体性。全面地对幼儿舞蹈教学活动进行了探讨和解读，从多个方面和多个角度结合实际状况做出相关阐述；结合教学课例进行解析，反映了幼儿园舞蹈教学活动的规律。

二是趣味性。本书对有关理论和专业内容都不同程度地通过大家熟悉的谱例进行了讲解分析，便于学习者更好地理解和阅读。

三是实用性强。本书内容采用深入浅出、言简意赅的形式表述各部分内容，便于读者透彻理解、增强记忆和实际应用。

本书在写作过程中，参考和借鉴了国内外学者的相关理论和研究成果，在此深表谢意。由于本人水平有限，书中不足之处在所难免，烦请提出宝贵意见，以便修正。

作 者

2022 年 12 月

目　　录

第一章　幼儿舞蹈的内涵与分类

本章阐释了幼儿舞蹈的界定和分类,分析了幼儿舞蹈的特征表现和活动原则,并对幼儿舞蹈的分类方法进行了解析。

第一节　幼儿舞蹈的界定与发生

一、幼儿舞蹈的界定

（一）幼儿舞蹈的定义

对幼儿而言,舞蹈是他们最为喜爱的艺术形式之一,也是他们提高精神境界、陶冶情操、开发智力、塑造美好心灵的一种潜移默化的方式。幼儿舞蹈是通过幼儿的情感语言、形体动态、动律、动作等要素表达幼儿内心感受或想象的。

（二）幼儿舞蹈教学及专业性

幼儿舞蹈教学是以培养幼儿审美力、想象力、创造力等艺术素养为教育目的,以律动、歌曲表演、集体舞、歌舞剧等为教育内容,通过幼儿的日常生活、有关活动（如游戏）等途径促进幼儿身心全面、和谐发展的教育活动。

幼儿舞蹈教学任重而道远,其现实意义远远超过"教幼儿学舞蹈"的含义。可以说,幼儿舞蹈教学是一项集"育体、育新、育美"为一体的工作。幼儿舞蹈教学不但需要教师有扎实的专业素质,而且需要教师能够分析幼儿的认知特点，包括感知觉、注意力、记忆力、想象力、语言、情感、意志力以及内在的个性倾向性；需要教师熟悉幼儿在舞蹈活动中的心态、情绪与情感的表达方式和学习方式；需要教师掌握促进幼儿在舞蹈时动作的协调、平衡和有规律变化发展的方法；需要教师培养幼儿对舞蹈的兴趣爱好，指引他们去观察、思考，在愉快而又力所能及的情况下自由地驰骋在舞蹈世界里，使他们的肢体和智力得到充分的发展。

二、幼儿舞蹈的发生

（一）幼儿舞蹈的发生：生命学角度

1. 幼儿舞蹈直接显现的是幼儿生命需要

毕加索说过，每一个幼儿都是艺术家。还没有学会独自站立的幼儿，听到节奏鲜明的音乐时，他们就会随着音乐节拍有节奏地跃动自己的身体。不仅如此，他们还喜欢涂涂画画，喜欢自发地歌唱。幼儿舞蹈是幼儿身体成长的自然状态，是幼儿生命的律动。

2. 幼儿可以通过舞蹈去认识和把握世界

幼儿的舞蹈，同幼儿的歌唱一样，是幼儿心理世界的真实流露，是幼儿把握世界的一种方式。"儿童把外部客体按照自己的精神尺度表现为动作、声音和画面时，他就摆脱了自然奴役的状态，使儿童对生命的感受得到充分的抒发。"

3. 幼儿舞蹈是幼儿日常生活的表达手段

从幼儿出生的第一天起，大千世界的千姿百态、光怪陆离，无不引起他（她）的好奇、关注与探究，并且反映在他（她）的大脑中，在他（她）的身体上和五官内留下印记。这些印记，通过他（她）的动作、姿态、表情显示出来，即"手舞之，足蹈之"。

（二）幼儿舞蹈的发生：心理学角度

从幼儿身心发展特点来看，由于幼儿肌肉动作发展水平的限制，一般情况下，他们在动作平衡、控制、稳定和协调等方面都不可能像成人那样随心所欲，从而体现出自己的动作特色，如简单、稚拙、可爱等。由于生活经历和认知发展程度有限，他们在表现内容和表达情感上也有自己的特点。幼儿喜欢参与舞蹈活动的心理基础有三点：好奇、爱美心理；好动、爱表现心理；好探究、爱交往心理。

1. 好奇、爱美心理

幼儿时期的孩子已经表现出强烈的好奇心以及对美的色彩、美的声音、美的形象的喜爱。随着幼儿年龄的增长，其好奇心愈加强烈，审美情趣也更浓。在他们的眼里，舞蹈融乐、舞于一体，不但音乐美，而且动作很好玩，还可以打扮得非常漂亮，道具更是别出心裁，所以他们很想舞在其中。

2. 好动、爱表现心理

幼儿天生好动。此时，他们的身体正处于生长迅速的阶段，其筋骨、肌肉柔软而富有弹性，可塑性强。这些特点使幼儿天生就喜欢跑、跳、伸、拉、踢、踏、蹦、摆、滚等动作。而舞蹈就是动作的艺术，不但可使幼儿的运动能力得以表现，而且允许幼儿发挥创造，更重要的是能够使幼儿体验到自己与别人的不同。

3. 好探究、爱交往心理

舞蹈活动为幼儿提供了更多的探究和交往机会。舞蹈既是幼儿的一种游戏，又是幼儿共同的兴趣和爱好。舞蹈活动不但使幼儿与同一班级、同一幼儿园的伙伴建立了友谊，还能使他们扩大社交范围，与其他幼儿园的伙伴成为好朋友。另外，幼儿还可以意识到舞蹈活动能为自己和集体争得荣誉。荣誉感可成为幼儿个性发展的动力之一。

第二节　幼儿舞蹈的特征表现

一、幼儿舞蹈的特点

（一）直观性

舞蹈形象是一种直观的艺术形象，它是通过人们的眼睛来反映美感的。这就决定了舞蹈作品中的情境和人物心理状态、情感，都必须通过舞蹈形象直接表现出来。由于幼儿大脑的神经系统尚未发育成熟，其思维特点是形象和具体的。比如，当你设计闭上眼睛、头靠在双合掌上的动作，幼儿就知道这是娃娃在睡觉；当你张开双手在身体两旁上下起伏，幼儿就知道这是小鸟或蝴蝶在飞翔。因此幼儿舞蹈语言的形象是直观的，抽象的内容和形象是幼儿不太能理解和接受的。

（二）模仿性

幼儿对新鲜事物好奇心强，凡是他们感兴趣的动作都要去模仿。模仿是幼儿日常生活中增长知识、提高能力的最主要手段。例如他们用双手向下按两下当作浸泡毛巾，两手握拳向相反方向转动当作绞毛巾，双手在脸前绕圈当作洗脸；他们还喜欢模仿各类动物，如小鸟飞、小鱼游、青蛙跳、小鸭走。幼儿舞蹈活动中想象与联想所揭示的知识性内容就是通过模仿提供的，因此说幼儿舞蹈具有模仿性。

（三）童趣性

幼儿舞蹈符合幼儿的兴趣和情趣，所以具有童趣性。所谓兴趣是指探究或从事某种事物和活动时的意识倾向，这种倾向又和一定的情感体验紧密联系着。当我们问幼儿喜欢干什么的时候，他们会说喜欢玩——玩积木、玩小娃娃、玩泥土、玩骑马打仗等。例如幼儿游戏舞蹈《蚂蚁搬豆》，一只由幼儿扮演的小蚂蚁，看到一粒很大的"豆子"，他想独自搬走，可是无论用什么方法都无法挪动它一下。结果，他招来好多小蚂蚁，才把"豆子"连滚带抬地搬回去。幼儿从中可以学会抬、滚、推、拉的动作技能，体验搬"豆子"的喜悦情绪。幼儿舞蹈可以说就是游戏——一种高级的游戏，一种有意味的游戏，一种在一定时空范围内做标准运动形式的游戏。而童趣就是这种游戏的核心。游戏充满着幼儿的情趣，体现出幼儿自主自立的倾向。简言之，幼儿舞蹈必定要有童趣性。

（四）幻想性

个人对于自我追求的未来事物所进行的想象被称为幻想。幻想创造出从未知觉过，甚至未曾存在过的事物形象。幻想通常是幼儿舞蹈艺术的最显著的标志。在幼儿舞蹈中，他们可以像小鸟一样飞上蓝天，可以像机器人一样所向无敌，还可以与小星星打电话，在弯弯的月亮上荡秋千等。这种幻想既是幼儿与万物交流的桥梁，又是产生夸张、虚拟、幽默的重要手段。所以，幼儿幻想过程中真实的情感体验和对于想象情境直接的体态和动作表露，是幼儿舞蹈艺术的特点。幼儿舞蹈艺术的特点除了以上几点，还可列举许多，如奇特性、跳跃性、无级性、寓教于乐性等。这种种特征组成了一个不可分割的整体。在一部作品中，某一特点可以有所偏重，但其他特点不能没有，否则就没有幼儿舞蹈的特色可言。

二、幼儿舞蹈教学的特点

幼儿舞蹈教学具有生活启蒙性、活动参与性、游戏情境性、整合发展性、简洁短小等基本特征。

（一）生活启蒙性

幼儿舞蹈教学的内容应来源于幼儿的生活，并对幼儿进行最基本的、入门式的教育，为幼儿以后的舞蹈学习打下初步的基础。例如，幼儿在生活中看到蜻蜓扇动自己的翅膀飞行，他也伸出自己的双臂扇动起来，双脚也不停地跳动，模仿着蜻蜓的样子飞来飞去。

（二）活动参与性

幼儿舞蹈教学既是幼儿以身体动作来表现自己对周围世界感受的学习过程，更是教师调动每一个幼儿主动参与舞蹈活动的过程。幼儿听着优美的音乐，跟随节奏和旋律摆动着自己的身体，眼前仿佛出现美丽的森林、青青的小草、婀娜的柳枝、飞流的小溪……总之，他们全身心地沉浸在音乐舞蹈的世界里，感受随着美妙音乐翩翩起舞的乐趣。

（三）游戏情境性

幼儿天生爱游戏。充满游戏性的舞蹈教学，会让幼儿觉得舞蹈更加有趣。幼儿认识舞蹈是从生动、有趣的形象动作开始的。一个姿态做出来，要使幼儿能辨认出是孔雀还是蝴蝶，是小鸡还是小猫。一旦辨认出来，他们会模仿小鸡或小猫在草地上嬉戏和玩耍的样子，身心舒展而愉悦。幼儿舞蹈教师应带着一颗童心深入幼儿中间去，用幼儿的眼光去观察世界、想象自然。只有这样，才能理解幼儿流露出来的姿态、动作及表情，创编出具有幼儿特点和情趣的舞蹈。

（四）整合发展性

幼儿舞蹈教学不能游离于幼儿文学、音乐、美术等艺术教学而独立存在，否则会人为地割裂幼儿对周围世界中人和事的整体认知和整体感受。幼儿舞蹈的表现力受到幼儿对事物的认知程度和理性思维的影响，因而幼儿舞蹈教学也不能与幼儿科学、数学等自然科学教学相分离；幼儿的基本技能受到其身体状况的影响，所以幼儿舞蹈教学也不能和运动、健康相割裂。幼儿舞蹈教学的目的不单纯是"教幼儿学舞蹈"，而是通过幼儿学习舞蹈，促进幼儿身心全面发展。所以，幼儿舞蹈教学应有发展的眼光，通过对幼儿舞蹈学习规律的掌握创编新的艺术作品，促进幼儿创造能力的发展。

（五）简洁短小

根据幼儿的年龄特点，无论是从幼儿的理解力还是从其身体承受力的角度，幼儿舞蹈的发展都应单纯、简洁，但切不可和简单画等号。幼儿舞蹈应在情绪和情节上注重单一、风格纯正、音乐形象鲜明、篇幅短小、服装和舞台布置清新简洁，这样的幼儿舞蹈才具有艺术生命力，并会深受幼儿的喜欢。

第三节　幼儿舞蹈的活动原则

幼儿舞蹈活动共有四大原则：直观性原则、启发性原则、趣味性原则与实践性原则。

幼儿舞蹈活动应遵守直观性原则。由于幼儿思维的直观形象性特点，所以需要教师在进行幼儿舞蹈教学时通过设计真实、具体的场景和情境，直观、生动的形象，让幼儿在可听、可看、可感的学习情境中，在角色中自然而然地学习舞蹈，并获得美的享受。

幼儿舞蹈活动应遵守启发性原则。每个人对生活的理解都是不一样的，所以教师要在了解幼儿的经验和个性特点的基础上，询问幼儿的想法和意见，通过讨论、暗示、提问等方式引发幼儿用身体、动作、表情等表达自己对周围世界的感受，让幼儿的想象力自由地飞翔。

幼儿舞蹈活动应遵守趣味性原则。舞蹈活动应注意寓教于乐，以游戏为主。幼儿舞蹈游戏有多种形式，如通过舞蹈学习知识的游戏、健身游戏、表演小故事的游戏等。舞蹈游戏在幼儿教育活动中占有重要的位置。游戏没有强制性，它是一种自愿进行的活动。幼儿离不开游戏，游戏使幼儿对舞蹈产生兴趣，也使舞蹈对幼儿产生强大的吸引力。因此，幼儿会主动学习舞蹈、模仿舞蹈，并在舞蹈学习中接受各种知识，发展能力。

幼儿舞蹈活动应遵守实践性原则。幼儿舞蹈应当源于幼儿生活又要高于幼儿生活。在舞蹈教学之前，教师首先要熟悉、掌握幼儿的生活——要知道他们在想些什么，喜欢什么，讨厌什么，了解幼儿心理、生理特点以及他们质朴的情感世界。同时，幼儿舞蹈是由幼儿表演、为幼儿欣赏的，因此教师一定要根据幼儿的特点，寻找幼儿舞蹈特有的活泼、天真、夸张、形象、有趣来吸引幼儿的眼球。

第四节　幼儿舞蹈的分类方法解析

幼儿舞蹈种类繁多，按照不同的角度有不同的分类。如按照舞蹈特征来分，可以分为专业舞蹈、国际标准交谊舞、时尚舞蹈等。在每一类别里面，还可以进一步划分。如专业舞蹈又可分为古典舞、民族舞、民间舞、现代舞、芭蕾舞等。如果按照舞蹈的参与人数，则可以分为独舞、双人舞、三人舞、群舞等。那么，对于如此众多的舞蹈样式，究竟应该采用哪一种或哪几种作为幼儿教育舞蹈教学的内容呢？这是当前学前教育专业舞蹈教学中亟待解决的问题。

幼儿舞蹈分为两大类，即表演性幼儿舞蹈和自娱性幼儿舞蹈。

一、表演性幼儿舞蹈

表演性幼儿舞蹈是指编导者通过对幼儿生活的观察，经过艺术加工提炼出的一种表演性的、反映幼儿生活的舞台艺术作品，包括角色舞蹈、情绪舞蹈和情景舞蹈。

（一）角色舞蹈

幼儿角色舞蹈是指幼儿通过扮演某一角色，如周围的人、动物或其他的事物，充分发挥想象力来表现其特征、行动、神态或内心状态的舞蹈。

（二）情绪舞蹈

幼儿情绪舞蹈就是用自身的动作把舞蹈所包含的感情表达出来。例如，幼儿舞蹈《向前冲》通过一群活泼可爱的孩子抬腿、摆肩、扭腰等动作，表现出斗志昂扬、奋发向上的情绪。

（三）情景舞蹈

幼儿情景舞蹈就是有背景故事的舞蹈。例如，《井冈山下种南瓜》表现了上山开荒、种地的场景；后来通过辛勤栽培，地里终于结出了一个大南瓜，大家高兴地围着南瓜跳起来，以此来培养幼儿热爱劳动的品德。

二、自娱性幼儿舞蹈

自娱性幼儿舞蹈以娱乐性为主，寓舞蹈于娱乐之中。常见的自娱性幼儿舞蹈有幼儿律动、幼儿歌曲表演、幼儿集体舞、幼儿舞蹈游戏。

（一）幼儿律动

幼儿律动又分生活类律动和动物类律动，是指在音乐伴奏下，以身体动作为基础，以节奏为中心的音乐舞蹈活动。幼儿律动要求节奏感强，动作形象简单。

（二）幼儿歌曲表演

幼儿歌曲表演是指幼儿在唱歌的时候，配以形象生动的动作，用声音和形体共同去表达情感；其特点是以歌为主，动作为辅，以简单的动作表现出来。表演时可以坐在凳子上全体围成圆圈，也可以站立着跳或调整位置跳。

（三）幼儿集体舞

幼儿集体舞是一种集体娱乐的歌舞形式。它以规定的队形和动作相结合，参加者成双结对。集体舞又分邀请舞、单圈集体舞和双圈集体舞。集体舞能培养幼儿之间的情感交流和集体意识，以达到相互了解、团结友爱的目的。

（四）幼儿舞蹈游戏

幼儿舞蹈游戏是通过有趣的身体活动在音乐的伴奏下进行的有一定规则的游戏活动，目的是提高幼儿对音乐的感受力和表现力，培养他们的节奏感，发展他们的想象力和创造力。

第二章 幼儿舞蹈教育与
素质教育协调发展

　　幼儿期是人的生理发展和心理发展的重要阶段，在这一时期让幼儿接受适宜的舞蹈教学，不仅可以促进幼儿骨骼肌肉的发育，促进幼儿心脏和呼吸器官机能的成熟，而且有利于幼儿神经系统的发育。对于发展幼儿的认识能力、想象力，加强思想品德教育，培养幼儿良好的心理品质，促进幼儿心理健康发展也是极为重要的。

　　本章从幼儿舞蹈教育与促进幼儿情商和智商的发展、协调身心发展的关系着手论述，对不同年龄段的幼儿舞蹈进行了分析探究。

第一节　幼儿舞蹈教育对幼儿情商和智商
发展的促进作用

一、幼儿舞蹈教育对幼儿情商发展的促进作用

　　幼儿舞蹈教育应该符合审美实践的特质，寓舞蹈实践活动于审美享受之中，强调幼儿在获得精神满足和愉悦的前提下不断成长，从而形成完整人格；同时，不断提高幼儿的审美敏感性和审美情趣，能起到促进幼儿情商发展的作用。审美性原则是艺术教育的核心原则，即指艺术教育的实践活动必须具有能使参与者获得审美愉悦的特质。幼儿在舞蹈活动中所表现出来的对美的天然趋向性，本身就是一种人的成长性需要的表现。幼儿在舞蹈活动中追求的不是外在的功利性，而是活动过程本身所带来的满足感。因此，幼儿舞蹈教育的审美体验应贯穿幼儿舞蹈教育过程的始

终。为了在幼儿园的舞蹈教育中落实这一思想，教师需要注意以下几点。

（一）制造审美愉悦

审美愉悦作为一种情感，在审美活动中具有亲和力，它是审美心理要素发挥作用的基础，使得审美活动区别于其他活动获得自己的规定性；它能够滋养积极的生命运动趋向，这是艺术审美教学追求的终极目标。因此，幼儿园中的舞蹈教学设计应当力求让幼儿在舞蹈活动过程中得到审美愉悦。其具体的策略包括以下几方面。

1. 舞蹈活动富有情趣

以舞蹈活动的内容吸引幼儿。这样的内容应该是符合幼儿需要和兴趣的，是来自幼儿的生活经验的。

2. 游戏融入舞蹈，引导幼儿体验愉悦

在游戏情境中进行舞蹈活动，使其充满生机和趣味。荷兰著名艺术家约翰·赫伊津哈明确提出："游戏是艺术的生长点。"游戏在艺术教育中具有重要地位。在幼儿看来，舞蹈更像是一种游戏。因此，教师在舞蹈教学中要重视游戏情境的创设，要用形象性的动作去吸引幼儿。角色扮演、即兴表演等形式，可以运用在舞蹈教育活动的各个环节中。实践表明，幼儿会在这样的活动中兴致盎然，获得审美愉悦。

3. 激发积极性，投入舞蹈活动

提供多样化的工具和材料，可以刺激幼儿参与舞蹈活动的积极性。不同色彩、形状、质地的服装、道具、头饰具有不同的表现力，蕴含着不同的情感特质，能让幼儿体验变得更加灵活和多样，使幼儿产生新颖的构思、丰富的联想，从而更加积极、快乐地沉浸于舞蹈活动中。

（二）创设审美环境

艺术审美活动本身既来自生活又复归于生活。因此，幼儿的舞蹈审美实践不

应该仅仅局限于舞蹈教学活动，还必须为幼儿创设充满情感色彩的审美环境。审美环境的创设应包括以下两个方面。

1. 富有审美氛围

就幼儿园的活动教室而言，除了保证幼儿有足够的活动空间、符合安全原则及能满足幼儿需要以外，还应当注意室内环境的装饰与布置，力求色彩淡雅、形象造型可爱、内容有情趣、符合幼儿的审美趣味。教师可以展示各种有情感色彩的、以舞蹈为题材的美术作品和工艺品，可以是经典名画，也可以是儿童画或雕塑等。此外，教师还需要为幼儿提供从事歌舞表演的场所、材料和器材。

2. 具备审美环境

结合舞蹈活动创设与之相适应的审美环境十分重要。如舞蹈活动《金孔雀》，教师穿上美丽的孔雀服装、戴上孔雀的头饰，感觉自己真的像一只孔雀在跳舞。这时无须过多的语言解释，幼儿便可以从中感知到孔雀的外表形态，感知到美丽的孔雀对和平、吉祥生活的向往，从而激发幼儿带着一种内心的冲动去学习、体验舞蹈动作。让·皮亚杰[①]认为，幼儿看到、听到的东西越多，就越想多看多听。这种审美情境的体验，能引起幼儿情绪上的兴奋，使他们对美好的事物产生敏锐的感知，发现美的特征，从而激起他们审美欣赏的兴趣和进行舞蹈创作表演的动机。

（三）丰富审美情趣

舞蹈教学应是幼儿兴趣盎然、情感交融的活动。教师在幼儿积累了一定的审美体验后，可以让幼儿欣赏优秀舞蹈作品，帮助幼儿进一步增加审美经验。欣赏优秀的舞蹈作品能使幼儿进一步内化审美体验。

教师可从两个方面引导幼儿欣赏优秀的舞蹈作品。

一是通过多媒体技术进行欣赏。教师可选择完整的幼儿舞蹈作品制作成课件，

---

①让·皮亚杰（Jean Piaget，生于 1896 年 8 月 9 日，逝于 1980 年 9 月 16 日），瑞士人，近代著名儿童心理学家之一。

在活动中让幼儿欣赏。在选择作品时应考虑到舞蹈中的形象、色彩、形式、空间造型等要素之间的和谐关系以及幼儿的接受心理。教师也可以通过选择欢乐活泼的音乐，配以简单、幽默的舞蹈设计，自制舞蹈主题课件让幼儿欣赏。教学媒体通过欢快的音乐、优美的动作、鲜明的画面情景，使幼儿感受舞蹈题材的立意美、舞蹈内容的意境美、舞蹈情感的表现美和表现手段的艺术美，从而在舞蹈艺术的熏陶中进一步丰富审美体验，逐步培养审美情趣。

二是组织幼儿在现场观赏优秀舞蹈节目。现场表演能以优美的旋律和舞蹈动作直接给予幼儿美的感受，从而触动幼儿的心灵。

无论是多媒体欣赏还是现场观赏，欣赏前教师都要给幼儿讲解所欣赏的舞蹈作品的创作背景，以增加幼儿对作品的理解，更好地调动幼儿相应的审美体验。

二、幼儿舞蹈教育对幼儿智商发展的促进作用

幼儿舞蹈教育是一门艺术。作为幼儿园艺术教育的一个支点，它同其他门类的艺术一样，都来源于人们的社会生活，都是人们社会生活的升华。幼儿舞蹈反映的是特定的儿童生活中的各种人物和事件，是各种充满幼儿情趣的神态、性格、形象的再现及丰富的思想感情表达。它可使幼儿得到爱的情感教育，唤起幼儿对周围事物的兴趣．从而促使幼儿去探索、发现事物的奥秘，使幼儿在探索能力、求知欲望、思维能力、智力等方面得到发展，进而提高审美能力和审美情趣。

随着幼儿舞蹈活动的蓬勃发展，人们对幼儿舞蹈逐步有了全新的认识。幼儿舞蹈不再只被当作欢庆节日、迎宾贺喜时的应景点缀，而是幼儿素质教育中一种重要的形式，它对幼儿身心的健康、情操的陶冶、智力的开发都起着重要的作用。

（一）发现和培养幼儿的创造力

有人认为，舞蹈教育就是教会幼儿几个舞蹈基本动作、表演几个成品舞就行

了，殊不知，在舞蹈过程中，幼儿具有巨大的创造潜力。而这种创造潜力理应得到鼓励和认可，因为"学习舞蹈的最高境界是创造"。曾有人这样说，"舞蹈教育和舞蹈教学，不管是培养哪类人才，创造性是它的终极目的"。由此可见，舞蹈艺术教育的目的并不只是使幼儿了解、接受和表现舞蹈艺术，更重要的是培养幼儿对于舞蹈艺术的创造力。在西方发达国家，舞蹈启蒙教育早已将启发幼儿的身体表现力放在重要位置；同时，专业技巧的学习和创造力的培养齐头并进，贯穿于整个舞蹈教学过程之中。在法国舞蹈家卡琳娜·伐纳撰写的《舞蹈创编法》一书中有这样一句话："我之所以成为舞蹈家，是为了用身体的动作去创造，而不仅仅是为了跳舞。"这就更证明了舞蹈教育的关键在于培养创造力。

（二）开发幼儿的智力

由于幼儿舞蹈生动活泼、富有情趣、感染力强，符合幼儿爱动、好奇、爱模仿和爱幻想等生理及心理特征，因而经常组织幼儿参加舞蹈活动，能使幼儿在娱乐之中、在美的享受之中增强体质，促进骨骼肌肉、呼吸系统、神经系统和循环系统的生理机能的发育，发展动作协调性和节奏感。幼儿进行一定运动量的舞蹈以及掌握一定的舞蹈技巧，更能加强幼儿的形体训练和体能发展。同时，幼儿通过舞蹈可以促进对大脑的开发与利用，从而促使幼儿智力的发展。

（三）提高幼儿的社会交往能力和合作精神

在教学中，我们经常进行一些集体舞、群舞的创作。而在一般情况下，都是教师为幼儿安排角色并与其他幼儿进行协调，而较少考虑幼儿的自主活动。这个问题在游戏舞蹈中得到了最好的解决。游戏舞蹈大多来自幼儿游玩嬉戏的生活之中，是幼儿最为熟悉的舞蹈。例如：在"开火车""猜拳""老鹰捉小鸡"等游戏中提炼、加工，把幼儿游戏中具有舞蹈性的动作与姿态变成有趣的舞蹈作品。在这个过程中，幼儿无意识地自主参与活动及有意识地寻找伙伴商量，讨论舞蹈动作的创作。另外，幼儿舞蹈（含游戏）的普及，使幼儿生活在欢乐和友谊之中，生活在受统一指挥、组织严密的集体当中，使其懂得如何与小朋友交往，无形中使幼儿的交往能力得到发展。幼儿在舞蹈的愉快情绪和自主配合中培养了合作精神。这对于幼儿将来建立和谐的人际关系，适应生活和工作有着举足轻重的影响。

（四）增强表现力和自信心

幼儿教学中，幼儿园教师经常会组织一些舞蹈表演。这使幼儿有许多登台表演的机会，他们在舞台上愉快地舞蹈，充分地向观众展现他们的节奏感、动作的协调性及对音乐的理解。在小小的舞台上，幼儿扮演各种他们喜欢的角色，充分地将自己展示给观众，他们的自信心和表现能力得到了提高。

舞蹈教育几乎包含人类所有能力。不同性质的舞蹈音乐，把幼儿带入不同的艺术境界。悠扬、威严雄壮、轻快活泼或舒缓优美等各种音乐陶冶了幼儿的情操，也培养了他们对音乐的审美情趣和审美能力。经过舞蹈不同方位、不同场记及各种组合的熏陶，空间概念在幼儿的头脑中逐渐形成，手位、脚位的变化丰富了这一概念。幼儿在学习过程中，理解了汉族人民的灵活矫健、蒙古族人民的豪迈剽悍、维吾尔族人民的热情诙谐，也体会到老虎的威风、小白兔的灵巧等。这些形象的渗透，丰富了幼儿头脑中的形象层次，在形象、认知上比未接受过舞蹈教育的同龄幼儿更胜一筹。

因此，在幼儿园的舞蹈教育中，教师应努力使每个幼儿都参与活动，多创设机会、条件和环境，给幼儿以充分的表现空间，让他们在游戏中学习。而且，要真正地从舞蹈教育中发展素质，就不能把舞蹈教育与其他的教育分割开来，而必须使它与语言、思想、美术、音乐等结合起来，这样才能彰显其功效。

第二节　幼儿舞蹈教育与身心发展协调共进

一、打好幼儿舞蹈教育的基础

舞蹈是运动的艺术，与舞蹈运动关系最为密切的功能系统主要有以下三个方面：一是负责运动的发动与整合调控、学习记忆、开发创造力、心理调适等作用的神经系统；二是负责具体执行运动功能的躯体运动系统；三是负责运动后勤保障支持作用的心血管系统和呼吸系统。不科学的练习方法对人体的损害是非常严重的，对身体比较稚嫩的幼儿的损害就更大了。例如，幼儿舞蹈活动的运动量超常，可能会导致幼儿肌肉变形；不正确的柔韧练习，可能会导致幼儿韧带拉伤；不正确的跳跃方式，可能会导致脑震荡和脊椎损伤；不正确的压膝盖和压脚背的练习，可能会导致软组织损伤；腰的软度练习不当，可能会导致腰肌劳损，重则会伤及肾脏，等等。因此，在进行幼儿舞蹈活动时，必须坚持安全科学的原则，要充分考虑幼儿的身体发育和成长的特点。

当前幼儿园开展的舞蹈活动主要是以娱乐为目的，在此基础上给幼儿编排一些小节目进行表演，通过跳舞寓教于乐，可以促进幼儿的身心健康。幼儿教师必须了解幼儿的生理特点，认识和理解舞蹈的运动特性，在开展幼儿舞蹈活动时，注重让幼儿得到科学训练，使幼儿园的舞蹈活动开展得更加健康、科学。

（一）神经系统

幼儿神经系统的特点是大脑皮层中兴奋和抑制两个过程不均衡，兴奋过程占优势而抑制过程相对较弱。两个过程转化快，进入状态时间短。幼儿代谢过程旺盛，易疲劳也容易恢复。因此，幼儿活泼好动、精力充沛，做动作时虽不够协调精确但非常灵活。所以，在组织幼儿舞蹈教学活动时，可多进行一些速度性的练习；根据进入状态时间短的特点，安排准备活动的时间可以短些，练习的密度可以高些，但总时间应该相应地缩短，多安排一些短暂休息，避免产生疲劳；教法上应多采用直观形象的示范动作，精讲多练，多采用简单易懂和形象化的语言进行讲解；内容上要生动活泼、多样化。

（二）运动系统

舞蹈动作和姿势变化的结构基础是运动系统，运动系统由骨、骨连接和肌肉组成。

幼儿骨骼的特点是骨组织内含矿物质少，有机物和水分较多，骨松质较多，而骨密度较低，所以幼儿的骨骼富有弹性、韧性较好、不易骨折，但是其坚固性差，承受压力和张力的能力不如成人，容易在过大或时间较长的外力作用下发生弯曲或变形。

幼儿的肌肉较柔软、富有弹性，因此收缩力小、力量弱，肌肉的耐力及协调性较差、易疲劳。

根据这些生理特点，在进行舞蹈教学活动时，不要急于进行负重力量练习，宜采取生长伸长机体的练习。从肌肉的生长情况看，大肌肉群的发展早于小肌肉群，对幼儿进行力量训练要注意发展大肌群（如腹背肌）等；与此同时，也要根据需要协调小肌肉群发展。

幼儿的关节囊、韧带的伸展性大，关节软骨较厚，所以关节的活动范围大于成人。在这个时期，宜进行柔韧性练习，同时注意发展关节周围肌肉的力量，防止软骨病及关节的损伤。

（三）心血管系统

幼儿心血管系统发育水平尚低，调节功能也不完善，心肌纤维较细，弹力纤维分布较少，心脏收缩力量弱，调节功能还不完善。因此，幼儿在运动时主要靠增加心跳频率来满足运动时血液循环的需要。在舞蹈教学活动中，要注意合理安排运动量，运动量可以稍大些，运动密度要小些，间歇次数要多些，练习时间不宜过长；另外，要少安排长时间紧张的耐力练习及静力练习，以免对心脏产生不良影响。

（四）呼吸系统

幼儿呼吸系统的特点是呼吸道短而窄，呼吸肌发育差，易疲劳，肺活量较成人小。在练习内容的选择安排上要重视发展呼吸功能，加强深呼吸练习，并注意教会幼儿做到呼吸与动作的正确配合。

二、幼儿舞蹈促进身体素质的发展

人体活动主要的能力就是身体素质，良好的身体素质已经成为其他诸多素质发展的重要物质基础。对于正处于身体发育阶段的幼儿来说，培养良好的身体素质已经成为幼儿身心健康成长重要的前提，主要表现在力量、速度、耐力、灵敏性与柔韧性五个方面。其中，力量、耐力、灵敏性与柔韧性尤为重要。没有良好的身体素质就不能很好地完成运动技能，而运动训练也正是提高身体素质的最佳途径。舞蹈活动可以使幼儿在完成优美、准确的舞姿的同时提高身体素质，但是必须在遵从幼儿的身体发育特点，进行科学、安全的训练的前提下。

（一）力量

幼儿的肌肉收缩力小、力量弱，肌肉中能源物质的储备较少，肌肉的神经调节尚不完善，肌肉的耐力及协调性较差、易疲劳。所以，幼儿不能进行大强度的活动，过量的负荷及剧烈的震动有可能影响身高的增长，还可能造成骨骼分离等运动损伤。这个时期应多发展耐久性力量，以自身重量的练习为主，安排被动性的力量练习，使全身肌肉的力量得到全面发展。

（二）耐力

耐力是指人体长时间进行肌肉运动的能力，又称抗疲劳能力。按舞蹈训练所涉及的器官来说，包括肌肉耐力、心血管耐力和呼吸系统耐力。幼儿的骨骼比较柔软、有弹性，脊柱的弯曲还没有定型，其椎骨尚未完全骨化。髋骨是由髂骨、坐骨和尺骨以软骨连接起来，股骨还存在骺软骨，承受压力的能力较差，维持足弓的肌肉和韧带也较弱；加之幼儿的肌肉耐力、心血管系统耐力和呼吸系统耐力等都很差，因而不适于长时间活动。若长时间保持同一姿势，就会使有关肌肉群负担过重，不利于肌肉的协调发育，而且容易导致脊柱变形。幼儿舞蹈教师应严格掌握活动的方式、强度和时间，不可任意突破。

（三）灵敏性与柔韧性

灵敏素质的生理学基础涉及许多方面，其中特别重要的是大脑皮层等高等中枢神经活动的灵活性以及各感觉器官拾取各种感觉信号的敏感性。舞蹈活动时，幼儿随着音乐以及教师的各种标志性信号（如口令、动作、道具）翩翩起舞，可以提高大脑皮层神经活动的灵活性、各感觉器官的敏感性，促进灵敏素质的发展。

发展柔韧素质的训练在舞蹈、体操等文体活动中是非常重要的，主要是拉长肌肉和结缔组织的训练。幼儿关节面角度大，关节内外软组织松弛，肌肉弹性好，关节和韧带的伸展性较大，是柔韧能力练习的敏感期。幼儿柔韧能力的练习，应多采用主动的、缓慢的拉伸练习形式，因为幼儿的关节牢固性差，容易发生关节、韧带的损伤和骨骼的变形。

三、幼儿舞蹈促进心理发展

幼儿心理发展具有以下基本特点：首先是各种心理过程带有明显的具体形象性和不随意性，其抽象概括的能力和随意活动刚刚开始发展；其次是开始形成最初的个性倾向。因此，在组织幼儿舞蹈活动时，要充分认识幼儿心理发展的特点和规律，在教学活动中循循善诱，将爱意、善意和关怀的信息传递给幼儿，使幼儿在轻松、愉快的舞蹈活动中增长才能，感受到美的愉悦，促使身心健康发展。

（一）通过具体形象的特征

幼儿初期是借助于颜色、形状、声音、动作来认识世界的，处于感性的认识阶段，如果脱离实物，单纯靠语言讲解，幼儿便不能理解。幼儿记住事物依赖于对事物的直接感知，那些他们直接接触过的、形象逼真的事物便能较容易记住，这属于形象记忆。幼儿思维内容是具体的、形象的，他们理解事物或解决问题总是借助表象或事物的具体形象，而不是凭借概念、判断、推理。因此，教师在教幼儿动作时要多用形象的比喻或其他形象、生动的语言，使幼儿能体会舞蹈动作特点、领会其方法。尤其是在较枯燥的基本步法和复杂的基本动作时，教师需要用形象化的方法才能使教学生动有趣，幼儿乐于接受。如幼儿学习"小八字步位"这一动作时，教师利用幼儿头脑中小鸭子的形象讲解"脚后跟并拢，两只脚像小鸭子张开嘴一样分开"。教师利用形象具体讲解动作，既符合幼儿具体、形象的思维特点，又能使幼儿在愉快的气氛中学会舞蹈的基本动作，较快地掌握动作要领。

（二）以无意性为主

幼儿的心理活动和行为常常具有很大的无意性。认识过程中的无意性在幼儿的认识活动中表现得非常突出。幼儿的注意主要还是无意注意，许多事物都能引起幼儿的无意注意，特别是那些新颖多变、刺激强烈的因素，以及与幼儿兴趣、需要和生活经验有关的事物都很容易引起幼儿的无意注意。因此，教师在组织舞蹈活动时一方面要注意教学语言形象、具体生动，另一方面可以通过一些颜色鲜明、形象生动的教具、道具以及动作示范等手段辅助教学，配以游戏的形式效果较佳。教学内容选择幼儿熟悉的事物或见过的东西，吸引和保持幼儿注意，以有效达到活动目标。另外，幼儿知识经验少，注意分配的能力差，教学活动中尤其是新动作的教学，要将动作进行分解，用形象的语言讲解。教师还要控制教学的速度，不能太快，动作要反复练习。幼儿观察能力差，教幼儿动作时要提醒幼儿注意感知方向，如提醒幼儿看教师的手放在哪里，再看脚怎么站。只有在教师耐心、细心的指引下，幼儿才能观察得细致，较好地掌握学习内容。

（三）突破想象力

心理学研究证明：想象是创造的前奏，是一个人认识能力中的主要因素。2~3

岁的幼儿就萌发想象力了，而且随着年龄的增长，想象力飞速发展，越来越丰富。幼儿舞蹈活动是一项抒情性、比拟性、象征性极强的活动，幼儿可以在活动中把自己想象成花、鸟、仙女、鬼怪等各种事物和角色，从而展开想象的翅膀。幼儿喜爱模仿，他们模仿生活中见到的事物，模仿周围的人，可以在舞蹈中模仿一切可以模仿的东西。所以只要教师根据舞蹈所要表现的内容，创造相应的舞蹈意境，再对幼儿进行必要的启发，把幼儿的情绪调动起来，他们就能展开想象的翅膀，如模仿小燕子在空中飞来飞去、鸭子在水中游来游去、小骑手在草原上飞奔、蝴蝶飞舞、蜜蜂采蜜等。这些动作很简单，教师可以把舞蹈编成故事讲给他们听，或编成简单的游戏，让幼儿进行理解，再或者给出一段音乐或无主题内容，让幼儿自由畅想，根据音乐编动作，使他们的想象力有新的突破，创造力得到很好的发展。

（四）个性的形成

幼儿期是人的个性开始形成的时期，初步出现具有一定倾向性的兴趣爱好、较为明显的气质特点以及最初的性格特点。教师在组织幼儿舞蹈活动时可以选择一些培养幼儿良好的道德品质的内容，让幼儿学会分辨对与错，明白什么是真善美，这比简单的说教更有效。教师要经常开展幼儿舞蹈教育活动，让幼儿在轻松、愉快的环境中通过舞蹈表达自己的情感和美好愿望，促使幼儿形成活泼、开朗、热情、大方的性格。同时，当幼儿在学习舞蹈过程中遇到困难和挫折时，教师要及时进行意志品质的教育，帮助他们克服遇到的困难，锻炼其意志力。

第三节　不同年龄段的幼儿舞蹈分析

幼儿正处在发育的阶段，他们的身体能力及心理活动水平随年龄增长而增长，因此开展幼儿舞蹈活动必须注意其内容要适合不同年龄阶段的幼儿，按照各年龄阶段幼儿生理、心理发展水平设计不同难度、形式和内容的舞蹈活动，开发他们的肢体能力和心智，促进幼儿身心健康的发展。

一、托儿班（2~3 岁）

（一）身体与心理分析

2~3 岁的幼儿其骨骼较为柔软、容易弯曲，表现出耐性差、容易疲劳的特点。不能有效地控制肌肉动作，平衡能力较差，所以托儿班幼儿走路常有摇摆现象，还不太稳，而且还不能很好地感受乐曲的节拍，对音乐的节奏反应较慢。这一现象除了因幼儿刚入园其音乐和动作经验不多以外，还与托儿班幼儿控制、调节动作能力不够完善有关。因为只有当大脑对肌肉动作的控制能力和平衡能力有一定发展时，幼儿才能自如合拍地随音乐进行上下肢的协调动作。

从心理学的角度来说，2~3 岁的孩子有很好的记忆力，能够很快地背会一首儿歌，喜欢听节奏感强的儿歌，听到音乐会不由自主地随节奏起舞；开始有了简单的自我意识，开始懂得强调"我"。他们能听懂成人的简单指令，会说一些简单的词语。因此，托儿班开展舞蹈活动应选择单一节奏型的音乐，节奏和速度不要有过多的变化，要形象性强、内容简单易懂，符合托儿班幼儿的认知水平，能引起幼儿活动兴趣；动作幅度、力度不宜太大，应掌握好活动强度和活动时间，避免使幼儿产生疲劳感与厌烦感。

（二）典型课例分析

下面分析几个典型课例。

1. 课例一：节奏感强，节奏简单

（1）谱例 2-1。

1=F2/4 汪玲曲《骑小车》

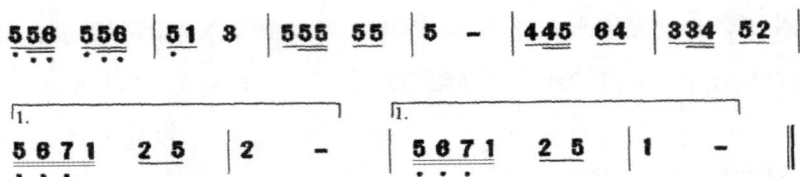

$$\underline{5}\dot{5}6 \quad \underline{5}\dot{5}6 \mid \underline{5}1 \quad 3 \mid \underline{5}\dot{5}5 \quad \underline{5}5 \mid 5 \quad - \mid \underline{4}\dot{4}5 \quad \underline{6}4 \mid \underline{3}\dot{3}4 \quad \underline{5}2 \mid$$

$$1. \quad\quad\quad\quad\quad\quad\quad\quad\quad 1.$$

$$\underline{5}\dot{6}\underline{7}\dot{1} \quad \underline{2}5 \mid 2 \quad - \mid \underline{5}\dot{6}\underline{7}\dot{1} \quad \underline{2}5 \mid 1 \quad - \|$$

（2）动作说明。

幼儿面对椅背，骑坐在椅子上，双手扶住椅背。

1—4小节：教师说"骑车"，幼儿双脚按节拍交替画立圆，做骑车状。

5—8小节：教师说"打招呼"，幼儿举起一只手向上举，摆动8次，同时幼儿之间要有情感交流。

反复1—8小节，动作同上。

（3）课例分析。

这是一个典型的行进律动，乐曲节奏型较为单一，节奏感强。2~3岁的幼儿已经具备听懂一些简单指令的能力。活动中教师向幼儿发出"骑车""打招呼"的指令，提示幼儿在音乐节奏中向前行进，帮助幼儿建立音乐节奏感。

2. 课例二：音乐感受性训练曲

（1）谱例2-2。

1=G 4/4 王印英曲《敲敲铃鼓》

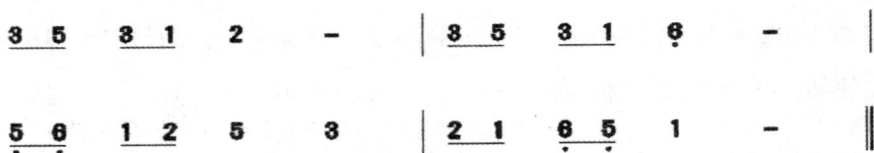

$$\underline{3}\ \underline{5} \quad \underline{3}\ \underline{1} \quad 2 \quad - \mid \underline{3}\ \underline{5} \quad \underline{3}\ \underline{1} \quad \dot{6} \quad - \mid$$

$$\underline{5}\ \underline{6} \quad \underline{1}\ \underline{2} \quad 5 \quad 3 \mid \underline{2}\ \underline{1} \quad \underline{6}\ \underline{5} \quad 1 \quad - \|$$

（2）动作说明。

教师手持铃鼓，依次走到幼儿面前拍4次，幼儿也要拍4次。待幼儿熟悉节拍后，教师启发幼儿用身体的其他部位做出规定的拍数。

（3）课例分析。

这是针对托儿班幼儿的一个音乐感受性训练，幼儿通过模仿教师的节奏来敲铃鼓，随节奏拍出规定拍数。乐曲的节奏型单一，节奏和速度平稳无变化，符合托儿班幼儿的音乐和动作经验不足的认知水平。其次，教师启发幼儿探索身体表现音乐节奏，可以进一步巩固幼儿的节奏意识。

3．课例三：音乐感受性训练曲

（1）谱例2-3。

1=E 4/4 汪玲曲《抱娃娃扭扭腰》

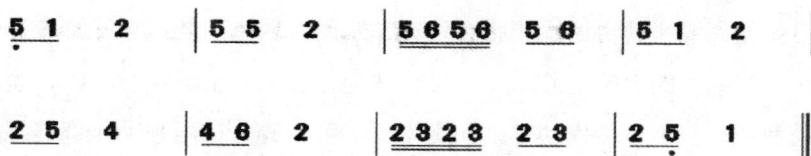

$$5\dot{\,}1 \quad 2 \quad | \quad 5 \; 5 \quad 2 \quad | \quad \underline{5\,6\,5\,6} \; \underline{5\,6} \quad | \quad 5\dot{\,}1 \quad 2 \quad ||$$

$$2\dot{\,}5 \quad 4 \quad | \quad \underline{4\,6} \quad 2 \quad | \quad \underline{2\,3\,2\,3} \; \underline{2\,3} \quad | \quad 2\dot{\,}5\dot{\,} \quad 1 \quad ||$$

（2）动作说明。

第一遍音乐：

1 小节：向前弯腰，两手托起娃娃，身体还原。手臂交叉，两手放肩上作抱娃娃状。

2 小节：左臂屈在胸前（手心向上），作托住娃娃状，右手（手心向下）自左向右移动，作抚摸娃娃状。

3—4 小节：左臂仍托住娃娃，右手抱住娃娃的腿，向左、右扭扭腰（两拍一次），共4次，作摇娃娃睡觉状。

第二遍音乐：

1 小节：上身前弯，两手向下摊掌，作放娃娃睡觉状。

2 小节：两手作取小被盖好状。

3—4 小节：两手握拳前推后拉，身体随着起伏作摇摇篮状（两拍一次），共做4次。

（3）课例分析。

这是一个模仿律动。依据托儿班幼儿都有被母亲等家人抱哄入睡的生活经验，教师设计让幼儿模仿家长的动作，将自己最喜欢的玩偶娃娃抱哄入睡，极大地激发幼儿参与教学活动的兴趣，进而收到良好的教学效果。

二、小班（3~4 岁）

（一）身体与心理分析

小班幼儿身体的各个组织器官功能有所加强，骨骼比托儿班时略微坚硬一些，但骨化过程还未完成，骨骼容易变形，应特别注意。3~4 岁的幼儿，其小肌肉的动作还不太能完成，其协调性和联合性动作发展较弱，因此，一开始较适合做单一的动作，如单一的大的上肢动作，类似洗脸、梳头、拍手、吹喇叭、吹泡泡等动作；或者做一些单一步伐动作，如走步、小跑步等，在两种动作都熟练的基础上再把它们结合起来；还可以做一些边走步边拍手、边走边点头或者边小跑步边做开火车的动作等。一方面促进动作协调性的发展，一方面要注意保护幼儿柔嫩的骨骼和关节肌肉。动作要左右都练习，这样才能够均衡地发展。此时应该注意的是，小班的幼儿弹跳能力还较弱，跳跃动作对小班的幼儿来说难于掌握，因此，小青蛙跳、小兔跳等虽属于单一移动动作，却不适合在小班开展。

在心理上，小班幼儿认知社会时比较以自我为中心，认为周围的一切都是有生命的，喜欢小动物，对父母有依恋情感，开始有同情心和简单的自我评价。在语言发展方面，他们基本能够完整地说出短句，能听懂成人的指令。由于幼儿阶段都以无意注意为主，有意注意的时间不长，一般说 3~4 岁的幼儿能保持注意力在 3~5 分钟。因此，舞蹈活动时，必须提示幼儿要看着老师，并随时运用舞蹈动作吸引其注意力。3~4 岁的幼儿是通过感知、动作进行学习的，以游戏的形式组织舞蹈活动，在玩中学，幼儿的学习兴趣会很高。下面我们分析几个典型课例。

（二）典型课例分析

1. 课例一：节奏旋律统一

（1）例谱：2-4。
拍手点头。

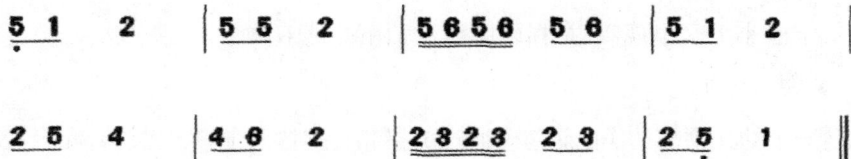

（2）动作说明。

幼儿坐在椅子上，两脚并拢，两手放腿上。

1—2 小节：两拍或一拍拍一次手。

3—4 小节：两手叉腰，点头 4 下（一拍一次）。

5—8 小节：动作同 1—4 小节。

（3）课例分析。

这是一个节奏律动，乐曲旋律节奏型相同，通过拍手点头的单一动作去感受乐曲的节奏型：×× ×｜×× ×｜×××××× ×｜×× ×‖。小班幼儿小肌肉还不发达，其协调性和联合性动作发展较弱，因此设计动作时要依据小班幼儿的生理特点，以单一动作或单一步伐为主。

2．课例二：手部动作训练

（1）儿歌：2-1[①]。

爸爸瞧，妈妈看，宝宝的小手真好看。

爸爸瞧，妈妈看，宝宝的小手看不见。

爸爸妈妈都来看，宝宝的小手又出现。

（2）动作说明。

幼儿坐在椅子上，双脚并拢，双背手。

"爸爸瞧，妈妈看"：左手前平位扩指，右手重复左手反方向动作。

"宝宝的小手真好看"：扩指转腕两次。

"爸爸瞧，妈妈看"：左手旁斜上位扩指，右手重复左手反方向动作。

"宝宝的小手看不见"：两臂经旁收至身后双背手。

---

①孙光言．中国舞考试教材[M]．北京：人民音乐出版社，2009.

"爸爸妈妈都来看"：左手旁平位扩指，右手重复左手反方向动作。

"宝宝的小手又出现"：扩指转腕两次，下弧线双摊手。

（3）课例分析。

这是一个幼儿手部动作的训练，通过扩指和转腕这两个单一动作，配合儿歌清晰的节奏型进行动作，一方面为了培养幼儿节奏感，另一方面因幼儿对父母有依恋之情，故选取《爸爸瞧妈妈看》这首儿歌，能够激起幼儿情感上的强烈共鸣。

3．课例三：表演的教学形式

（1）例谱：2-5。

1=C 2/4 育苗曲《哈巴狗》

$$\underline{3\ 3}\quad \underline{2\ 3}\ |\ 1\quad -\quad |\ \underline{3\ 2}\quad \underline{3\ 6}\ |\ 5\quad -\ $$

$$\underline{6\ 6}\quad \underline{5\ 3}\ |\ 2\quad -\quad |\ \underline{5\ 5}\quad \underline{2\ 3}\ |\ 1\quad -\quad \|$$

（2）动作说明。

1—2 小节：两手放头两侧作耳朵状，两脚并拢站立，头随身体自然摆动。

3—4 小节：双手手腕放松，手掌下垂至胸前不动，屈膝 4 次。

5—6 小节：两手半握拳，伸出食指在头两侧转动 4 次，同时屈膝 4 次。

7—8 小节：屈膝微蹲双手向前作抓肉骨头状，然后放到嘴边作啃骨头动作。

（3）课例分析。

小班幼儿大都喜欢小动物，根据这一特点，歌曲内容可多选择动物类的题材。此课例是以歌曲表演的教学形式组织的教学活动。这首歌形象地唱出哈巴狗的特点，幼儿运用边唱边跳的方式学习，更有利于培养其节奏感。

三、中班（4~5 岁）

（一）身体与心理分析

这个年龄段的幼儿，骨骼、肌肉的柔韧性和力量都在继续发展，其控制能力和平衡能力有所加强，这时可以适当选择做一些运用小肌肉的动作，训练其动作的协调性和手腕、脚踝关节的灵活性，如摘果子、系纽扣等需要转动手腕的动作等。中班的幼儿开始懂得感受音乐，把握音乐的节奏，会注意使自己的动作合上音乐节拍。因此，中班幼儿的舞蹈活动，可以选择一些节奏上有快慢变化、强弱对比和速度渐变的音乐。这不仅更利于促使幼儿肌肉与骨骼的发育，也可以更好地培养幼儿的音乐感受力。

中班幼儿语言能力发展很快，已经能比较清晰地表达和复述，他们开始对世界产生了好奇心，对新奇的事物感兴趣，并且能积极运用各种感官参与探知。中班的幼儿开始对身边的人和环境有了一定的了解，社会性也有所提高。4 岁左右的幼儿注意分配能力有了一定的提高，能够和同伴进行合作。这时教师不要急于增加幼儿舞蹈活动的技术强度，仍然要把游戏作为首要的方式，但可以适当增强活动的主题性和舞蹈动作的针对性。下面我们分析几个典型课例。

（二）典型课例分析

1．课例一：训练身体协调性

（1）例谱：2-6。

1=G 2/4 佚名曲《手铃舞》

（2）动作说明。

前奏：

1—2 小节：正步双手叉腰。

第一遍音乐：

3—4 小节：击手铃动作一次。

5—6 小节动作同 3—4 小节，换手脚做一次。

7—10 小节：同 3—6 小节动作。

11 小节：第一拍，右脚在正位用力踏地一次，同时双手曲肘于胸前击铃一下，第一拍静止。

12 小节：双手由胸前向上打开至身体两侧，立腕。

13—14 小节：移颈动作 4 次。

第二遍音乐：

间奏：

1—2 小节：动作同前奏。

3—4 小节：踩地转腕动作一次。

5—6 小节：换方向做踩地转腕动作。

7—10 小节：动作同 3—6 小节。

11—12 小节：两手抖腕，同上经体侧至胸前交叉立腕。

13—14 小节：移颈动作 4 次。

（3）课例分析。

依据中班幼儿生理发展特点，舞蹈教学的开展可以针对开发幼儿小关节的精细化动作进行。本课例正是选用了维吾尔族舞蹈中常见的两个动作"左右移颈"和"转腕"，一方面可训练其身体协调性和手腕关节的灵活性，另一方面通过舞动手腕的串铃体会维吾尔族音乐舞蹈的风格，启发幼儿对少数民族音乐文化的兴趣。

2．课例二：音乐游戏

（1）例谱：2-7。

1=C 2/4 佚名曲《小老鼠上灯台》

（2）动作说明。

一个小朋友扮成"猫"，其余小朋友扮作"小老鼠"。

游戏开始，教师用木鱼轻轻敲出各种节奏，表示小老鼠偷偷出来找东西吃。"小老鼠"根据木鱼节奏的快慢、停顿，踮起脚尖用相应的速度轻轻地在教室里走来走去。

前奏时，"小老鼠"就地蹲下。然后边唱歌边慢慢地直起身子，同时两手边做歌曲表演动作。唱到"叽哩咕噜滚下来"时，两手边作绕线状，边从高处向下绕，直至蹲下。

歌曲唱完，"大猫"出其不意地大叫一声"喵"，同时追逐"小老鼠"，"小老鼠"则迅速跑回原座位。

游戏结束，交换角色，继续进行。

（3）课例分析

这是一个经典的音乐游戏，教师针对中班幼儿能够较好地把握音乐中的节奏这一特点，用小鼓敲击出快慢变化、强弱对比和速度渐变的节奏，使幼儿充分体会小老鼠从偷油吃时的紧张，到下不来时的害怕，再到听到"大猫"叫时的慌张等一系列心理过程，不仅训练幼儿的音乐感受力，同时运用分角色音乐游戏的形式，更增添了活动的趣味性。

3．课例三：激发兴趣，增强互动

（1）例谱：2-8。

1=F 4/4 美国民歌《麦当劳》

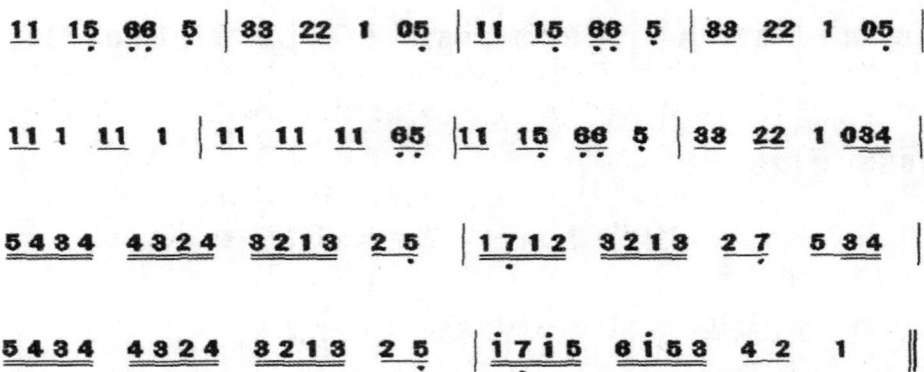

（2）动作说明。

将全班幼儿每三人分成一组，分角色，一个饰演小朋友，一个饰演妈妈，另一个饰演麦当劳服务生。

准备：麦当劳服务生和小朋友面对面站立，妈妈坐在凳子上。

1—4 小节：麦当劳服务生即兴为小朋友点餐，小朋友做踏点步拍手，找妈妈，妈妈坐在凳子上不动。

5—8 小节：麦当劳服务生原地拍手，小朋友小跑步胸前托盘，妈妈坐在凳子上不动。

9—12 小节：小朋托盘站立不动，妈妈做踏点步拍手。

（3）课例分析。

本课例重点内容是"踏点步""小跑步"两个步伐练习。中班幼儿已经对身边的人或事物具有一定的观察思考以及模仿能力。教师通过创设麦当劳餐厅点餐的情境渗透活动重点内容，使幼儿与同伴分角色共同合作完成活动，激发幼儿参与活动的兴趣，同时增强幼儿交际互动的能力。

四、大班（5~6岁）

（一）身体与心理分析

5~6岁的幼儿的骨骼继续骨化，大肌肉已比较发达，小肌肉群的发展更加迅速，大脑中枢神经系统对动作的控制能力显著增强，因此动作的灵活性与协调性有了很大的提高，对身体的控制力也有显著增强，能较为协调、灵活地掌握复杂精细的动作。这个年龄段的幼儿弹跳力得到较好的发展，其身体的平衡能力和重心的把握也有一定的提高，此时可以做一些有一定力度的动作及一些较复杂的联合动作，类似青蛙跳、小兔跳等跳跃动作，幼儿已有能力完成像踏跳步这类较为复杂和有一定平衡性要求的舞蹈动作。同时，大班幼儿对音乐的性质有较清楚的认识，能通过动作表现出音乐的快慢、力度，有一定的想象力和表现力。

大班幼儿有强烈的好奇心和求知欲，喜欢问为什么。这个时期幼儿的个性开始初步形成，他们重视别人对自己的评价，喜欢得到别人的肯定。大班的幼儿已经能够逐渐有意识地控制自己的情绪和行为，有了抽象概括性的思维意识，社会性也大大地增强了。此时，幼儿的认知水平与注意力都有较大的发展，已经能够比较准确地领会教师的示范动作和要求，可以通过多次的练习和纠正，逐步使动作达到基本标准。大班幼儿的舞蹈活动是幼儿园较好开展的阶段，这时幼儿有了一定的音乐、动作经验，其身体发育和认知程度是幼儿园阶段的最高时期，教师可以安排一些较为复杂和主题性较强的舞蹈活动内容。下面我们分析几个典型课例。

（二）典型课例分析

1. 课例一：调节身体协调性，锻炼控制及跳跃能力

（1）例谱：2-9。

1=$^{\flat}$E 4/4 刘天健曲《我爱洗澡》

（2）动作说明。

前奏准备：

面向5点。

第一遍音乐：

1—4小节：大八字位，两手握拳在身体两侧，左摆动7次，作洗澡状，同时左右摆胯7次。

5—8小节：做1—4小节的对称动作。

9—12小节：面向7点，做1—4小节的动作。

13—16小节：面向7点，做1—4小节的对称动作。

17—18小节：向右踏点步2次，右手扩指，在右旁画立圆2次。

19—20小节：做17—18小节的对称动作。

21—22小节：做17—18小节的动作。

23—24小节：做19—20小节的动作。

25—26 小节：蹦跳步，左脚前，右脚后，重心在中间，双手合掌指尖朝前向前伸出，左右摆动 4 次。

27 小节：蹦跳步成正步位，两手心相对合掌于下巴位置。

28—29 小节：正步位蹦跳 8 次，两手在脸前右左摆动 8 次。

反复：

17 小节：正步位，双手心相对，手腕相靠。

18—19 小节：双手拍脸 6 次。

21—24 小节：右脚始后场步 8 次，双手拍头 8 次。

25—27 小节：正步位双手合掌，从上往下走 S 形，同时扭腰。

28—30 小节：向右转后踢步 8 次后，面向 1 点，两手旁平位转腕。

31 小节：双手叉腰，左脚原地蹦跳，右脚尖朝上踢起。

32 小节：做 31 小节的对称动作。

33—34 小节：做 31—32 小节的动作。

35 小节：正步位，右手向左旁伸出。

36 小节：正步位，左手向右旁伸出。

37—38 小节：正步位蹦跳 3 次，双手交叉，手腕上下动，像握手一样。

39—42 小节：后踢步 8 次，双手保持交叉向上拉伸、向下拉伸各 2 次。

43—44：大八字位蹦跳 4 次，双手在左胯上下搓动 4 次。

45—46：大八字位蹦跳 4 次，双手在右胯揉动 4 圈。

47—50 小节：后踢步 8 次，向左转一圈后面向 1 点，双手旁平位转腕。

间奏：

同 47—50 小节的动作。

第二遍音乐：

同第一遍音乐的动作，结束时任摆一造型。

（3）课例分析。

《我爱洗澡》是一首富有情趣的幼儿歌曲，音乐形象鲜明，节奏富于动感，歌词富于童趣，非常适合用作幼儿活动曲目，让幼儿在边歌边舞中感受音乐。大班幼儿不但身体协调性和灵活性有了很大发展，而且身体的控制能力与弹跳力也有显著增强。因此，教师选取了两个跳跃性动作作为主题动作，与幼儿身心特点充分契合。

2．课例二：民族文化的传承

（1）例谱：2-10。

1=C 4/4 蒙古舞曲《筷子舞》

（1 2　3　2 1　6　｜5　1　5　－）｜：5　1　3　5　｜1　6　5　3　5　｜

1·　2　36　53　｜2　3　2　5　｜5·　6　12　65　｜3　56　32　3　｜

1·　2　3　2·1　6　｜5·　1　5　－　：｜

（2）动作说明。

前奏：一半幼儿手持系红彩带的筷子（下简称红筷子），一半幼儿手持系黄彩带的筷子（下简称黄筷子），间隔站成一个大圆，面向圈上站立。

第一遍音乐：

双臂屈肘，在胸前一拍一下地上、下敲击筷子，并朝圆上方向边敲边走。

第二遍音乐：

1—2 小节：左脚向圆外弓箭步，双臂在圆外敲击筷子。

3—4 小节：并步站直，动作在脚前敲击筷子。

5—6 小节：动作同 1—4 小节，方向相反。

第三遍音乐：

1—4 小节：幼儿面向圆心，拿黄筷子的幼儿单腿跪，拿红筷子的幼儿走步从拿黄筷子的幼儿前面绕一圈，回原位，手上动作不变。

5—8 小节："红""黄"交换动作。

第四遍音乐：

1—4小节：拿红筷子的幼儿向圆心走步，手上动作不变，两小节音乐后退回来。拿黄筷子的幼儿原地踏步，手上动作相同。

5—8小节："红""黄"交换动作。

（3）课例分析。

随着幼儿身心不断发展，在大班幼儿的音乐舞蹈活动中逐渐加入民族民间音乐舞蹈的元素，既是对民族文化的传承，又能激发幼儿对于少数民族音乐文化的兴趣。本课例选取蒙古族舞蹈筷子舞，一方面使幼儿初步感受蒙古族舞蹈风格，体验用筷子跳舞的乐趣，另一方面随着幼儿空间意识的逐渐形成，让幼儿根据手中筷子的颜色学习如何进行队形变化。

3．课例三：情绪宣泄表达自我

（1）例谱：2-11。

1=B 4/4 彭野词曲《爱我你就抱抱我》

（2）动作说明。

动作一："陪陪我"，双手上位招手，作呼唤状。

动作二："亲亲我"，手心向里，放嘴前拍打，示意"爸爸妈妈多多亲亲我"。

动作三："夸夸我"，双手大拇指竖起，其他四指自然收回，直臂伸与前平位。

动作四："抱抱我"，小臂胸前折回，放于肩前，作拥抱状。

动作五：屈膝，双膝重拍向下做屈伸动作，膝盖松弛，节奏准确。

动作六：双脚蹦跳步，膝盖、脚踝放松，双脚同时向上跳起，同时落地，节奏准确。

（3）课例分析。

随着大班幼儿心智不断发展，幼儿的自我意识、自我个性逐渐形成。在此阶段特别希望获得来自外界的关注和肯定，尤其是爸爸妈妈和老师的关爱与赞扬。《爱我你就抱抱我》这首歌准确地诠释了幼儿的这种心理状态。本课例以歌曲表演的活动形式，使幼儿在边唱边舞的过程中合理地宣泄了自己的情绪，表达了自己的心声。

第三章 幼儿园舞蹈教学活动目标与内容组织形式

幼儿舞蹈分为律动、集体舞、歌曲表演、表演舞、音乐游戏、即兴舞。本章论述了幼儿舞蹈教学的活动目标以及内容组织形式。

第一节 幼儿园舞蹈教学活动目标

幼儿园舞蹈教育是幼儿园音乐教育的一部分，它也是培养幼儿德、智、体、美全面发展的一种形象、生动、富有感染力、幼儿容易接受的教育形式。幼儿园音乐、舞蹈教育的任务是教会幼儿一些唱歌、舞蹈的基本知识和技能，初步培养幼儿对音乐、舞蹈的兴趣和节奏感，发展幼儿对音乐的感受力、记忆力、想象力和表现能力等，陶冶幼儿性情和品格。

大、中、小班因为幼儿年龄的差异，各年龄班舞蹈教育的具体要求有所不同。

一、小班的教学活动目标

（1）培养幼儿跳舞和做音乐游戏的兴趣。

（2）能按音乐的节拍做动作，培养节奏感。模仿动作，如打鼓、吹喇叭、开火车、小鸟飞、小兔跳等。基本动作，如拍手、点头、碎步、蹦跳步等。

（3）学会 3～5 个歌曲表演、4～6 个音乐游戏，能自由地、愉快地表演。

二、中班的教学活动目标

（1）按音乐的变化和节拍整齐地开始和变换动作。模仿动作，根据幼儿生活选择一些容易模仿的形象动作如蝴蝶飞、摘果子等，基本动作如手腕转动、踵趾小跑步、踏点步、垫步等。

（2）在音乐伴奏下变换队形（单圆、双圆），学会3~5个舞蹈和音乐游戏，并且能根据音乐有表情地动作。

三、大班的教学活动目标

（1）在音乐伴奏下，按音乐节奏协调地做动作。模仿动作包括模仿幼儿熟悉的成人劳动动作如采茶、扑蝶、挤奶、骑马等，基本动作如跑跳步、进退步、交替步。

（2）在音乐伴奏下，学会变换几种队形（圆圈扩大或缩小、横纵排列）。

（3）学会6~8个舞蹈、3~5个音乐游戏，能根据歌曲或器乐曲的内容和风格，整齐而有表情地跳简单的舞蹈。能按音乐游戏的要求，在伴奏下创造性地表演出自己所扮演角色的特点。

第二节　幼儿舞蹈活动目标的设立

活动目标是根据教学工作的目的和任务，在充分了解幼儿身心发展状况的基础上，为某一教学活动所设定的拟最终达成的结果，它是每一次教学活动的出发点和归宿。因此，活动目标是教学目的和任务在教学活动中的具体化，是教学活动设计中的重要组成部分，是教师发挥主导作用的依据，也是进行教学评价的依据。[1]

舞蹈活动是艺术活动的一种。《3-6 岁儿童学习与发展指南》中提出："艺术是人类感受美、表现美和创造美的重要形式，也是表达自己对周围世界的认识和情绪态度的独特方式。""每个幼儿心里都有一颗美的种子。幼儿艺术领域学习的关键在于充分创造条件和机会，在大自然和社会文化生活中萌发幼儿对美的感受和体验，丰富想象力和创造力，指引幼儿学会用心灵去感受和发现美，用自己的方式去表现和创造美。"

一、幼儿舞蹈目标的结构层次

结合《幼儿园教育指导纲要（试行）》（后简称《纲要》）和《3-6 岁儿童学习与发展指南》（后简称《指南》），通常把幼儿园舞蹈活动的目标主要概括为以下几个方面。

（一）情感与态度

增强幼儿对舞蹈活动的兴趣，使幼儿喜欢参加舞蹈活动，能够体验舞蹈活动的快乐，并主动积极地用身体动作探索、表达情感，能与他人合作。

（二）过程与方法

幼儿能够感知舞蹈音乐，理解舞蹈内容。幼儿能够感受舞蹈动作，体验舞蹈情趣，并尝试进行创造性动作表现，而且舞蹈动作能符合音乐的情感要求及表现手段。

（三）知识与技能

幼儿能较好地控制自己的身体动作，掌握运用简单的道具，并能用动作和表

---

①陈晓芳. 幼儿科学活动设计与指导[M]. 北京：北京师范大学出版社，2013.

情与他人交流。

根据 3－6 岁幼儿的不同特点，可以把舞蹈活动的目标分成以下三个层次，如表 3-1 所示。

表 3-1　幼儿园小、中、大班幼儿舞蹈活动目标

目标层次 目标维度	小班	中班	大班
情感与态度	1．喜欢听音乐，观看舞蹈、戏剧等表演 2．喜欢模仿有趣的动作和表情	1．能够专心地观看自己喜欢的文艺演出，有模仿和参与的愿望 2．愿意参加律动、舞蹈、表演等活动	1．艺术欣赏时常常用表情、动作、语言等方式表达自己的理解 2．会产生相应的联想和情绪反应 3．愿意和别人分享、交流自己喜爱的舞蹈艺术作品和美感体验
过程与方法	1．学会观察、模仿小动物动作 2．舞蹈活动中能与他人相互配合，也能独立表现	1．能用观察、探究、模仿、记录等方法学习舞蹈 2．会用比较的方法观察各舞蹈不同的内涵表现，与同伴交流自己的感受	1．能迁移语言、音乐、绘画、科学、文学等领域的相关经验和技巧辅助舞蹈学习 2．能用联想和想象的方法创编舞蹈的动作、情节和表现情绪 3．在舞蹈的学习中，发展形象思维和创造性思维，提高情绪感受力
知识与技能	1．经常模仿有趣的动作、表情和声调 2．能跟随熟悉的音乐有节奏地做身体动作 3．能用动作、姿态模拟自然界的事物和生活情境	1．能用拍手、踏脚等身体动作或可敲击的物品敲打节拍和基本节奏来表达自己的心情 2．会跳几种民族的儿童舞蹈。能和同伴合作跳舞 3．拥有正确的身体姿势	1．能用律动或简单的舞蹈动作表现自己的情绪或自然界的情境 2．能借助多种材料跳舞，或用不同的舞蹈表现手法表达自己的感受和想象 3．能自编自演故事，并为表演选择和搭配简单的服饰、道具或布景

以上小、中、大班舞蹈教学活动的目标依据情感与态度、过程与方法、知识与技能三个维度，由简到难，由低到高，随着幼儿年龄和经验的提升层层递进。教师在指导幼儿学习和编排舞蹈的过程中，可以根据以上目标，促使幼儿在原有

水平上不断地提高。

二、对小、中、大班不同目标分层的个案分析

（一）小班课例分析

（1）名称：摘果子。

（2）原活动目标。

目标一：学习踵趾小跑步，并随音乐合拍地做摘果子和跳踵趾小跑步动作。

目标二：创编不同方位的摘果子动作，丰富幼儿的想象力。

目标三：体验收获果实的愉快心情。

（3）调整后的活动目标。

目标一：在舞蹈游戏中，体验收获果实的愉快心情。

目标二：在愉快的模仿中，随音乐合拍地做摘果子和跳踵趾小跑步动作。

目标三：通过观看农民摘苹果劳动的场景，创编不同方位的摘果子动作，丰富幼儿的想象力。

（4）对目标的分析。

当前，很多幼儿园教师还是把知识技能的学习当成舞蹈教学的首要目标，这既不符合《纲要》和《指南》的精神，也没有针对小班幼儿的年龄实际。小班幼儿学习舞蹈，我们不要求他们"如何做好动作"，而是让他们在舞蹈活动中自由舒展地表现自己的身体，最终使他们从此爱上舞蹈。目标定位的不同，导致教师的教学过程与方法也会全然不同。

（5）原活动过程。

导入，听音乐进场。

教师台词：秋天到啦！瞧，果园里的苹果成熟了，我们一起去摘苹果吧！（教师在走的过程中利用表扬的方式提示幼儿听音乐，有节奏地入场）

学习踵趾小跑步。

教师台词：小朋友，老师刚才是怎么走进果园的？你来学一学。下面我再来一次，你们看仔细了我是怎么走进来的。（脚跟脚尖跑跑跑）谁来试一试？这个步伐有个好听的名字叫踵趾小跑步。我们一起踏着有节奏的步伐去果园里看一看吧！

教师教小朋友学习摘果子动作。

教师先示范摘苹果的动作。（重点：要拧一下）

教师台词：我刚才是怎么摘苹果的？请你来学一学。碰到苹果了要拧一下，这样苹果就下来了。我们一起来摘。摘，放……

教师指引小朋友展开想象，进行各个方向的摘苹果练习。

教师台词：上面的苹果被我们摘下来了，还有哪里的苹果我们没摘？（上面、下面、左边、右边，高的地方我们还可以踮起脚尖摘，下面的还可以弯下腰去摘呢）

练习踵趾小跑步和摘苹果。

教师台词：小朋友摘苹果的动作很有节奏，真好看！某某小朋友还一边摘一边笑眯眯的，摘了很多苹果，很开心吧！

教师进行整体示范舞蹈，学习、创编结束动作。

欣赏舞蹈，学习表示丰收喜悦的动作。

教师台词：看着这么多的苹果，真是太高兴了！老师编了一个《苹果丰收》的舞蹈，我跳给你们看吧！来，我们一起来跳《苹果丰收》的舞蹈！

教师示范动作，幼儿模仿，教师纠正幼儿动作。

教师做出表示开心的动作。

教师台词：你会用什么样的动作表示开心？我们一起学一学他的动作。我们把他的动作编到《苹果丰收》的舞蹈里。谁还会用不一样的动作表示开心？

幼儿自由创编不同的结束动作。

活动结束。

教师台词：小朋友，时间不早了，让我们把苹果送到仓库里面去吧！（踵趾小跑步离开）

（6）调整后的活动过程。

导入，听音乐进场。

教师台词：秋天到啦！瞧，果园里的苹果成熟了，我们一起去摘苹果吧！（教师在走的过程中利用表扬的方式提示幼儿听音乐，有节奏地入场）

观看农民摘果子的劳动场面。（播放视频）

教师台词：请你们仔细观察，农民伯伯是如何摘果子的？他们的身体姿势是什么样的？脸上的表情怎样？眼神怎样？心情怎样？

幼儿自由探究摘果子动作。幼儿边看视频，边自由模仿，教师进行个别启发指引。教师启发幼儿，对摘果子的动作细节进行观察，重点示范模仿，碰到苹果了要拧一下，这样苹果就取下来了。引导幼儿对不同方位的摘果子动作观察、模仿学习。

教师台词：果园里的果子真多呀，农民伯伯是怎样把它们都摘下来的呢？（上面下面左边右边，高的地方踮起脚尖，低的地方弯下腰，前方的身体向前倾，后面的转过身）

整体学习舞蹈并创编新的情节。观看农民摘完果子后欢乐庆祝舞蹈的场景，幼儿边观看边跳，和农民伯伯共享丰收的喜悦。

教师台词：小朋友真能干！刚才，老师学习了一些跳得特别好的小朋友的动作。现在老师跳一遍给你们看，你们看好在哪儿？

幼儿用自己的身体动作表现他自己喜欢的部分（翻腕动作、踵趾小跑步等），全班幼儿学习做这些动作。

幼儿边听音乐边舞蹈。教师提醒幼儿动作优美，跟上节拍，用表情和眼神表现出愉快的心情。抓住幼儿舞蹈中的一些突发状况，创编新的舞蹈情节，如不小心摔了一跤，互相比比谁摘得多等。

活动结束。

教师台词：小朋友，时间不早了，我们回去吃苹果吧！（幼儿听音乐做动作离开）。

（7）对活动过程的分析。

目标的不同会导致教学过程的不同。原活动过程把重点放在对舞蹈动作和技能的掌握和学习上，教师反复示范，幼儿重复模仿。而根据调整过的目标而设计的活动过程，通过幼儿观看摘果子真实的劳动场景和观看庆祝丰收的舞蹈，真实感受和体验果子丰收带来的喜悦。教师运用幼儿好动、好模仿的心理，允许幼儿边看边模仿，在对细节观察的基础上，分解难点动作，幼儿看得认真，学得仔细，不知不觉完成了整个舞蹈动作的学习。同时，根据幼儿学习现场的一些突发状况，巧妙衍生新的舞蹈情节，创编新的舞蹈动作，在幼儿身心愉悦的基础上，发展了幼儿的创造性思维和表现能力。

（二）中班课例分析

（1）名称：三只小熊。

（2）原活动目标。

目标一：感受音乐，激发幼儿对舞蹈的兴趣，培养幼儿活泼开朗的性格。

目标二：指引幼儿按舞蹈的节拍做动作，培养幼儿的节奏感。

目标三：进一步巩固侧垫步步伐，新授脚尖前后点地动作。

（3）调整后的活动目标。

目标一：通过对熊爸爸、熊妈妈、熊宝宝一家三口快乐生活的舞蹈表现，体验家庭的温暖，培养活泼开朗的性格。

目标二：能够通过观察、讨论、与人合作等方法学习和创编舞蹈动作。

目标三：按音乐的节拍做侧垫步、脚尖前后点地等舞蹈动作，培养节奏感。

（4）对目标的分析。

在原目标中，缺少了"过程与方法"这一目标维度，使得幼儿缺乏对自己"舞蹈学习过程与方法"的了解与认知，不利于幼儿通过舞蹈学习而获得各方面可持续的发展。通过对原有目标进行调整，可以使幼儿掌握一些从事艺术和人文科学的学习方法，促使他们今后在学习的过程中能够举一反三、触类旁通，促进经验迁移。

由于目标的调整，也会造成对教学过程和方法的调整。

（5）活动过程。

出示课件，引起幼儿兴趣。

进场。

教师台词：小朋友们，今天小熊一家请我们到他们家做客，你们想不想去呀？（播放《郊游》背景音乐，让小朋友走着欢快的垫步步伐，手拉手侧步进场）

播放课件，观看大森林中小熊的家。

依次出示小熊图片，边看课件边提问，让幼儿认识小熊一家人，并用动作模仿出来。

教师台词：这是谁呀？熊爸爸是什么样子的呢？

教师台词：哪位小朋友用动作来做给我们大家看一看呢？这又是谁呢？熊妈妈长什么样子啊？

教师台词：把熊妈妈的样子用动作表现出来，谁来？

教师台词：这最后一位是谁？熊宝宝真可爱，谁来做一做熊宝宝可爱的样子呢？老师台词：真棒！我们一起来模仿一下这些动作好不好？

教师小结：小朋友们编的动作可真漂亮！原来小熊的一家有三口人，小朋友跟我一起说："有谁呀？"小熊，一家有三口人，有熊爸爸、熊妈妈还有小熊，熊爸爸胖胖的，熊妈妈很苗条，小熊很可爱。

幼儿欣赏音乐、理解音乐。

教师台词：小熊的一家见到我们小朋友，可高兴了，还给我们准备了一首好听的音乐。你们想不想听？（幼儿欣赏音乐）

教师台词：有没有小朋友听懂里面唱了什么呀？它讲了三只小熊住在一间房子里，有熊爸爸、熊妈妈、小熊，熊爸爸胖胖的，熊妈妈很苗条，小熊很可爱，一天一天在长大。

教师台词：噢！原来这么好听的音乐里，还有一个好听的故事。我们小朋友一边讲故事一边再听一遍音乐好不好？小朋友们听了这个音乐，你们想干什么呢？（幼儿听音乐随意舞蹈，老师边说中文歌词）

教师小结：小朋友们刚才跳得真棒！老师听了这么好听的音乐也想跳舞，你们想看我跳舞吗？引出舞蹈《三只小熊》。

幼儿欣赏并模仿舞蹈动作。

播放音乐，教师舞蹈，幼儿欣赏；提醒幼儿要仔细看。

幼儿欣赏后，教师提问。

教师台词：刚才老师跳的舞中你觉得哪些动作做得好呀？（请几名幼儿模仿）

教师台词：刚才几位小朋友跳得真好，那你们是不是都觉得老师跳的舞蹈不错呀？想不想学一学？

在这里可增加：幼儿回顾学习舞蹈的过程和方法。

老师台词：你们能够说一说刚刚是如何学习跳舞而能把动作做得这么好的呢？（幼儿可以说"我是通过仔细观察老师的动作""我是自己边看边做（模仿）的"……）

引导幼儿学习舞蹈。教师边说歌词边分解动作，幼儿齐练动作。重点指导幼儿练习用脚尖后点地的动作。全体幼儿随音乐，完整地表演舞蹈。预设情境让幼儿分组表演舞蹈。

在这里可增加：表扬表演得好的那一组小朋友，问他们是如何做的。（幼儿可以说出"我们大家商量着来""我们分工合作""我们互相提醒"等）

幼儿随音乐出教室。

教师台词：刚才小熊一家欣赏了我们跳的舞，夸我们都是聪明能干的好孩子。小朋友开心吗？（开心）那我们跟小熊再见，我们回家喽！小熊再见！（随《郊游》音乐出教室）

（三）大班课例分析

（1）名称：采茶扑蝶。

（2）原活动目标。

目标一：启发幼儿按音乐节奏手眼协调，做采茶的动作。

目标二：引导幼儿根据欢快的舞曲旋律和自己的想象创编轻盈而又快捷的扑蝶动作，培养幼儿用舞蹈表现美的能力。

目标三：培养幼儿热爱劳动的情感。

（3）调整后的活动目标。

目标一：通过观看采茶的场景，萌发热爱劳动的情感。

目标二：能够根据欢快的舞曲旋律和自己的想象，创编轻盈而又快捷的扑蝶动作，增强用舞蹈表现美的能力。

目标三：能借助工具做舞蹈动作，为舞蹈表演选择和搭配简单的服饰、道具或布景，增强艺术效果。

（4）对目标的分析。

大班的幼儿已经接受过两三年的舞蹈艺术的熏陶，具备了一定的舞蹈经验和技能。对于大班的幼儿而言，原活动目标的定位过于简单，无挑战性可言，因而很可能使幼儿对舞蹈活动本身无兴趣。通过对目标进行调整，使活动本身增加了情趣性和难度。幼儿在新异刺激的状态下，面对挑战，跃跃欲试，兴趣浓烈。

由于目标的调整，过程也要做相应的改变。

（5）活动过程。

活动导入。组织幼儿听音乐《开火车》，小碎步进教室（茶园背景图前）坐好。

教师台词：小朋友，今天老师带你们到茶园去参观，你们高兴吗？（幼儿跟随老师，随音乐一个接一个来到茶园背景图前站好）

教师台词：小朋友，茶园到了，咱们一起来看一看茶树是什么样子。

幼儿：矮矮的。

教师台词：茶树长在什么地方？

幼儿：长在山坡上，呈层层梯田状。

教师台词：采茶姑娘是怎样采茶的？（出示插入教具）

观看采茶录像，组织幼儿观看，并启发幼儿用动作来表现采茶扑蝶的情景。（运用插入教具）

教师台词：请小朋友来学一下采茶姑娘是怎样采摘茶叶的好吗？（请个别幼儿到台前做示范表演）

教师台词：采茶姑娘采了满满一篮子茶叶，坐在田埂上休息，看见层层茶树绿油油的，别提有多高兴了。忽然，看到飞来了一群蝴蝶，姑娘们会干什么？

幼儿：她们会去扑蝴蝶。（出示插入教具）

教师台词：想想怎样才能扑到蝴蝶呢？（启发幼儿自由想象并做出扑蝴蝶的相应动作，教师进行相应示范）

教师台词：小朋友，你们想采茶扑蝶吗？咱们一起来采茶扑蝶吧。（一起创编采茶动作）

教师台词：采茶叶时需要拿的工具是什么？（篮子）跳舞时应怎样拿篮子？（左手屈臂呈弧形，抱篮子状右臂放松）

教师台词：小朋友，太阳出来了，咱们赶紧到茶园吧！

教师启发幼儿加上跑的动作，然后从幼儿的动作中提出典型的跳法，加以肯定并以自身表现力感染幼儿。

教师启发幼儿做出采茶动作，并从幼儿的动作中提出左左、右右的典型采法，并给予语言提示。（左放，右放，左、前、右放三个方向各采一下并放进篮子共两遍）

教师启发幼儿思考问题：采完茶叶你的心情会怎样？怎样用动作来表达？

教师和幼儿一起表演第一遍音乐采茶动作。（语言提示：左放，右放，左、前、右放）

教师哼唱，幼儿随教师一起表演第一段采茶。

幼儿在乐曲伴奏下合拍地做动作，指引幼儿以游戏形式听辨和表现引子部分，请幼儿先将小手藏起来，停到引子6时，迅速将手放到胸前做好抱篮子动作，教师注意及时提示。

创编与学习第二遍音乐（扑蝶）动作。第一和第二乐句在教师启发下，做出拨开树枝找蝴蝶的动作（左扑、右扑），注意动作的左右对称变化（两个乐句做一个方向，教师语言提示：（左扑、右扑）。第三乐句蝴蝶找到了（教师出示纸蝴蝶），"怎样扑蝴蝶"启发幼儿左扑一下，右扑一下，还是没扑着，手指上翘生气小碎步转一圈。语言提示：蝴蝶又来了，启发幼儿双手捕住蝴蝶渐渐起立。第四乐句"蝴蝶扑到了，你们高兴吗？"启发幼儿做出捧着蝴蝶高兴的样子，做小跑步 4

次，同时头和身体向左右摆动表示高兴的样子。幼儿同教师一起完整表现第二遍音乐扑蝶的动作，教师适时加上语言提示。在音乐伴奏下，完整表现出《采茶扑蝶》舞蹈的动作，注意动作与音乐相匹配。分组表演，教师进行指导，注意提醒幼儿运用眼神表情来跳舞。乘车回家结束。

教师台词：小朋友，茶叶采完了，咱们一起乘车回家吧！教师和幼儿一起在音乐的伴奏下乘车回家。

第三节　幼儿园舞蹈活动内容与组织形式

舞蹈是一门综合艺术形式，舞蹈与其他许多艺术有着共性，并且有着不可分割的联系。舞蹈不能脱离音乐、美术、文学等单独存在，一个人的音乐、文学、美术等艺术修养全面支撑他（她）的舞蹈表现力。幼儿舞蹈更是一种包含着音乐、美术、文学、戏剧等要素的"复合式"存在。古今中外，许多文献里提到关于艺术起源的问题时，都各抒己见，但是有一点可以达成共识：诗、乐、舞三位一体。

一、幼儿舞蹈活动的内容界定

（一）舞蹈与其他艺术的关联

1. 舞蹈与音乐的关联

舞蹈与音乐是姊妹艺术，舞蹈与音乐从远古时代就紧密结合在一起，是密不可分的。古时候，人们在集体劳动中产生的有节奏的劳动呼声，这便是原始音乐的萌芽。伴随着音乐的节奏、音调的形成还产生了舞蹈。正是因为劳动赋予了音乐的节奏、音调还有舞姿，所以在远古社会，音乐、舞蹈结合在一起。我国古代文献将音乐称为"乐舞"便是这个道理。苏联著名舞蹈编剧和舞蹈理论家扎哈诺夫说："音乐是舞蹈的灵魂，音乐包含着并决定着舞蹈的结构、特征、气质。"我国当代著名舞蹈艺术家贾作光也认为，"舞蹈是不能离开音乐的，舞蹈是由每一个单一动作连续而成的表现情感的组合，它是在音调的高低、节奏的长短、节拍的强弱、速度的快慢中进行的"。舞蹈与音乐有着许多相同点。

（1）具有节奏性。

音乐的时间单位通常是指节奏和音调，舞蹈则是指人的肢体和动作。舞蹈动作律动的实质是节奏，而对节奏的感召力则是节奏感。因而，节奏性是舞蹈与音乐最明显的特点，也是二者结合的基础。舞蹈作为一种表达情感的自由的、有节奏的动作表现，自然而然需要音乐的配合。舞蹈是一门以人体为媒介的表演艺术，它通过人自身来展现，以动作为表现手段，而动作的美化必定要纳入一定的节奏规范内。德国艺术史家格罗塞指出："舞蹈的特质是动作的节奏的调整。没有一种舞蹈没有节奏。"节奏是构成舞蹈艺术的基本要素，舞蹈虽然是人体动作的艺术，但不是所有生活中的动作都能成为舞蹈动作，只有那些经过提炼、加工变成有规律的、有节奏的动作，才能构成舞蹈动作，才能具有表达作品思想内容的特殊艺术功能。正因为节奏的形成是以人的意志和感情为依据的，所以，舞蹈中人体动作的起伏跌宕、动作线条的流畅曲折等，才能以其触动人心弦的律动吸引人们的注意力，将其蕴含的感情传达给观众，引起观众的共鸣，并引导他们参与艺术审美活动。由此可见，节奏是提炼和组织生活作为艺术动作的基础，节奏是结构舞蹈动作的纽带，也是舞蹈作品整体布局的贯穿线。

"音乐也是如此，节奏、节拍也是音乐整体的骨架。"舞蹈作品中，舞蹈形象是在音乐律动配合下，通过力度的强弱、速度的快慢、能量的大小来深刻细致地体现人物内心的情绪波动的。所以，节奏是构成人体动作与音乐旋律结合的天然基础。从更深层的意义上看，人的有节奏的动作自然地要求音乐来配合，因此历代各种有节奏的集体劳动都有劳动号子。当然，不是所有音乐都能够同舞蹈相结合，只有节奏比较鲜明的音乐才能融入舞蹈动作中。音乐本来便与其他艺术相结合，如戏剧、电影、诗歌等，但是最容易而且必须结合在一起的便是与舞蹈的结合。

（2）以抒情见长。

舞蹈与音乐都属于以抒情见长的艺术，都是富有感情色彩的艺术。

音乐和舞蹈是人类实践的产物，是人们审美的一种方式，它们反映了一个民族的思想和生活情趣、道德观念以及理想和愿望。它们都来源于生活，每一首乐曲都是作者根据现实和自己的内心世界用节奏和符号来创作的。舞蹈也是这样，都是有实质内容的，并且这些"内容"都是通过抒情的方式表达的。音乐被称为"人类灵魂的语言"，而舞蹈则被认为是"生命情调最直接、最本质、最强烈、最尖锐、最单纯而又最充分的表现"。因此，音乐与舞蹈相通，使得它们能深刻而细微地体现艺术作品中人类的各种情绪和情感。作曲家吴祖强先生认为："音乐具有配合并帮助舞蹈在整个过程中表达情绪、体现个性、烘托气氛、塑造形象、具体帮助舞蹈动作的作用，前者属于表现方面，后者属于结构方面，结构为表现服务。"

由此看来，从某种意义上可以说，在舞蹈艺术中，音乐是舞蹈的声音，舞蹈则是音乐的形体。舞蹈和音乐的统一是不同表现方式的统一、视觉和听觉的统一、形体和幻象的统一、内在与外在的统一。

2. 舞蹈与文学的关联

舞蹈与文学的关系十分密切，自古以来，诗、乐、舞三位便成为一体。苏联著名舞蹈编导家扎哈诺夫说："舞剧的语言是诗的语言，没有诗就没有舞蹈。"欧阳予倩说："舞蹈应该有诗的境界，舞蹈艺术离不开诗，它和诗是相依为命的。"诗歌丰富的想象力和夸张生动的比拟极大地启发了舞蹈者的创作灵感，燃起了舞者喷薄欲发的激情。正如舞蹈家吴晓邦所言，"文学创作是作者对现实生活的真实情感和想象，通过作家的技巧，才能表现人民的生活思想和感情。舞蹈也是如此，单有一般的技术是不够的。有时从形式上看，好像舞蹈不需要什么思想就可以表现出来，可是仔细想一想，一个舞蹈的表现如果不通过思想，就失掉了意义……"

在舞蹈创作上，舞蹈者有时必须通过文学创作的思路和丰富的想象才能从生活基础上激发情感、创造形象。我们抓住了这个思路，往往就能把握住舞蹈动作的抑扬顿挫、缓急轻重、刚柔粗细及各种各样的具体表示如同意、疑问、命令、恳求、惊叹、威胁等，来表达各式各样的情感。"所以舞蹈家必须经常通过文学作品中丰富生动的生活内容和严密紧凑的结构，去获取从事舞蹈创作上的结构和想象，而进行舞蹈艺术创造。"舞蹈与文学都是人们自我表达的媒体。前者的媒介是肢体语言，后者的媒介是文字语言，二者看似差异很大，其实，它们之间有着很多共通的地方。

（1）相通的表现手法。

文学中经常用比喻、夸张、比拟、借代等修辞手法来为文章增光添彩。如浪漫主义常用的夸张手法，就是为了扩大和突出描写对象的某些特点。借助丰富的想象，故意扩大或缩小其形状、时间、数量，充分表现事物的本质，突出人物的思想感情。舞蹈中也经常用比拟、虚拟等手法来进行创造。舞蹈作为表现性艺术，它以浪漫、夸张的表现手法，以变形、虚拟、写意等舞姿和造型手段来塑造舞蹈的人物形象和艺术形象。舞蹈主要不是人物行为的复写，而是人物内心的表露；不是去再现事情，而是去表现性格；不是模拟，而是比拟；要求用精粹提炼了的、程式化了的舞蹈语言，通过着重表达人们内心情感活动的变化来反映现实。

综上所言，舞蹈的最基本的艺术形态是最富于浪漫色彩的、虚拟性的艺术形态。即将"生活真实"的形象通过夸张、变形、升华等艺术方法转化为"艺术真实"的特殊的舞蹈形象。在这一点上，它与文学是相通的。

（2）类似的结构方法。

情绪舞蹈与诗歌一样重在抒情，主要通过情感变化来组织作品。比如，在表现悲愤的情绪时，整个舞台画面可能是集中和收缩的；在表现激怒、愤恨的情绪时，整个舞台的构图可能是四散开放的。舞蹈结构的形成是不断调适舞台上不同构图与动作的过程。如果舞蹈构图关系是以人物为核心，那么一段动作构图组成的舞段就形成情绪舞的整体画面。当观众看完一个优美的情绪舞之后，有时会产生读了一首优秀抒情诗一样的美妙感觉，为那真挚而强烈的感情所激动，为那高尚而丰富的情操所震撼，为那优美而淡雅的画面所感染，这就是人们常说的舞蹈中的"诗情画意"。在一个成功的情绪舞蹈中，诗情便是这部作品的思想灵魂。如人们所熟悉的蒙古族《马刀舞》，就是以豪迈、刚劲而富于民族气质的舞姿，在刀光剑影的群舞构图中刻画了该民族的英雄形象。

　　情景舞蹈（包括舞剧）作品组织方法与小说（包括戏剧文学）作品组织方法类似，都没有时空的限制，主要根据故事情节发展（一般有开端、发展、高潮、结尾）来组织作品。其中，舞剧就是舞蹈发展的最为高级的形式。它是舞蹈与文学、戏剧相结合的产物，其题材的包容性很大，内涵更为丰富，形式、技巧也更为复杂。舞剧的形成和发展，产生了"舞蹈文学"。舞蹈的文学台本、舞蹈中的歌词和诗歌就是舞蹈的文学性的物化形态，一旦搬上了舞台进入了表演领域，就转化成舞蹈作品中综合艺术的表现形态。

　　在舞剧《繁漪》中，由于舞蹈编导对话剧《雷雨》做了适合于舞蹈表现的改编，人物形象被刻画得栩栩如生，受到观众的广泛认可和一致好评。因此，舞剧《繁漪》被认为是中国现代舞剧中富有创造性的佳作。这是舞蹈编导从文学作品中得到的启发，然后用舞蹈形象加以补充、丰富而改编创作出来的。这成功的艺术实践，有力地说明文学对舞蹈产生的巨大影响。它是舞蹈的营养补充剂，大大丰富了舞蹈的题材、内容、人物形象和结构，使舞蹈更加具有表现力和艺术生命力，进而使舞蹈成为鲜活的艺术。

3．舞蹈与美术的关联

　　舞蹈与美术的关系也是十分密切的。舞蹈的形式美因素中就有画面、构图、造型之美。舞蹈的画面构图、队形变化是"活的绘画"；舞蹈的造型、舞姿就是"活的雕塑"；舞蹈的服装、道具往往是精美的工艺美术品；舞蹈的装置、景物则涉及建筑、园艺，涉及幻光、照明，更涉及色彩学。

　　形状是构成美的感性材料之一，因为它直接触及事物形象的感性外观，诉诸人的视觉感官。

　　综上所述，舞蹈与美术就其造型与视觉方面而言，两者的联系十分密切。

　　（1）"形"的艺术。

　　舞蹈最基础的语言要素是人体动作，节奏和表情都是在动作的基础上产生的。如果对流动的动作进行定格处理或者说对连贯性的动作进行简化和分离，就会看到构成动作最基本的单位是"形"。可见，构成舞蹈之美的本质因素是呈现于视觉的形体姿态及其运动轨迹，即运动的形，而形在美术作品中的功能和意义与此极为相似。在美术表现语言的色彩、形态、肌理、构图等基本要素中，形所负载的信息是构成作品视觉感染力的骨干因素。内容的传达、形态的创造、风格的建立都离不开形，可以说造型艺术的本质就是形。所以，就表现语言基本要素的本质而言，舞蹈和美术是相通的；其不同在于美术是静态艺术，只能选取最具表现力的形的瞬间传情达意，而舞蹈是动态艺术，以在时间的推移中用连续变化的形构成有节奏的动作来刻画形象，展示主题，是一个由运动的形体组成的符号体系。舞蹈的形是根据内容的需要而程式化了的人体动作，而美术的形一般是自然的生活化。比如，舞蹈过程中的瞬间动作可以作为美术的形象，但美术的瞬间形象不一定是舞蹈的形象。"美是造型艺术的最高法律"，因而造型艺术在"美的追求"上要求是严谨的、规范的，造型艺术要求高度的集中、概括，要求有象征性、寓意性和抒情性。比如，绘画、雕塑都十分讲究立意深邃、感情凝聚和具有延伸感，让人产生无穷的回味。

舞蹈创作经常从优秀的绘画、雕塑作品中获得灵感。著名的芭蕾舞大师乌兰诺娃在扮演朱丽叶时，是从文艺复兴时期的名画中把握人物的造型设计的。"现代舞之母"邓肯被誉为"维纳斯"再世，她的舞蹈灵感很多都来源于古希腊的雕塑和绘画。她在巴黎、伦敦时，经常去博物馆参观，在一些雕塑、名画前流连忘返，伫立几个小时。她在《米洛的维纳斯》《萨摩德拉克的胜利女神》等雕塑中找到了创造自己理想舞姿的灵感。

（2）属于视觉艺术。

从形状概念来看，它是事物存在的一种空间形式，其基本特征是物体的边界线。线是点移动的轨迹，而线的围绕又构成各种物体的形状。舞蹈是在运动中创造形象的，既然运动就会有运动的方向和轨迹，这就是舞蹈的线条，各种线条的延伸、交接、变化、组合就成为舞蹈的构图。在人们审美的形式中，对各种线条图形所引起的情感反应是不同的，尽管它们并不代表某种具体内容，却和人的某些情绪状态相对应。

　　现在的许多舞蹈作品就经常采用剪影来处理画面，如开头与结尾，编导为了渲染情境和人物的意蕴，常常通过反投的手法，把流动中的舞蹈线条化成明晰的静态造型，创造出一个崭新的艺术空间，凸显出影与形的神妙，在视觉上给观众一种美感，把人们带进一种诗情画意的境界。

　　（3）属于形象思维艺术。

　　形象思维是人类能动地认识世界和反映世界的方式之一，也是艺术创作的主要思维方式。它是运用一定的形象来感知、把握和认识事物，也就是通过具体、感性的形象来达到对事物本质规律认识的一种思维形式。舞蹈家念念不忘的动作思维和美术家津津乐道的形象思维都把形态作为创作思维的核心。比如，绘画、雕塑会把所有的形象思维集中于那一瞬间，而舞蹈则是慢慢地展现形象思维。简而言之，画家在作画时是调动所有的艺术手段、艺术方法以及所有的注意力到画面上，只是为了静止地表现那精彩的一瞬间，把所有最完美的凝练呈现在欣赏者面前。而舞蹈则不同，舞台上所有的场景都是以连续不断的画面呈现，需要在舞蹈全过程的每一个瞬间都进行声、画、形等美的组合与思考。如果说绘画是一点性平面，而舞蹈则是无数个点连成的优美的曲线，是连续不断的画面所组成的点、线、面。所以两种艺术相比，绘画的凝固性使绘画缺少了舞蹈的生命与活力。因此，舞蹈是充满生命力的律动。

（二）形式：综合艺术的表现

　　幼儿舞蹈是一项融合了音乐、文学、美术等诸多要素的综合艺术形式。幼儿舞蹈在艺术中创造的不仅是情感还有智慧。幼儿演员表现的动作不仅是"外部的、形体的"，而且是"内部的、心灵的"，是从"心灵到身体，从心灵到边缘，从内部到外部，从体验到体现"的活动，因此不仅要有幼儿情感的展现，还要有幼儿智慧的支撑。

1. 音乐、文学、美术和舞蹈助力幼儿成长

　　（1）音乐、文学、美术是幼儿生活的艺术表现。

音乐既能表现、陶冶幼儿的情操，也能疏导、宣泄幼儿的情绪，更能激发幼儿的审美体验。据研究，4~5 岁的幼儿已经能成功地通过模仿打出 2~4 个音符组成的简单节奏模式；5 岁的幼儿已能较好地唱完一首歌曲。这表明，这一时期幼儿的音乐感知能力较好。优秀音乐作品的熏陶有助于幼儿审美感知力的发展。

文学可以调动和提高幼儿的审美经验。文学对于幼儿来说是一个新奇的世界，它给幼儿打开了一扇多彩的窗户。幼儿可以通过这扇窗户了解很多知识。文学可以帮助幼儿认识生活、理解别人，学会体会欢乐和忧伤、幸福与痛苦，从而激发他们对真、善、美的追求。童话、儿歌、神话传说等都是幼儿的精神食粮。优秀的文学作品可以培养幼儿的文学兴趣，丰富他们的审美体验，从而提高他们的审美能力，同时也不自觉地养成他们的审美兴趣。

美术作品的线条、色彩以某种特殊的方式组成某种形式或形式间的关系，激起幼儿的审美情感。美术在幼儿审美教育中有着举足轻重的地位。一些研究表明，3~7 岁的幼儿已从涂鸦期经过象征期的过渡，进入了图式期，个别幼儿已进入写实期。幼儿在图形和色彩识别方面的感知能力有较快的发展，教师选择优秀的美术作品供幼儿欣赏能促进幼儿审美感知能力的发展。

幼儿天生就有一种用动作和体态来表现他们对音乐节律、文学意境、美术构造的认识和理解的能力。

（2）幼儿舞蹈只有与其他艺术形式相结合，才能促进幼儿审美能力的提高。

南京师范大学刘晓东教授在谈及现在幼儿艺术教育的误区时指出："有关人士眼里只有好看的节目，而没有儿童，没有儿童的艺术，没有对儿童艺术的欣赏。这种成人本位的艺术教育目标定位和评价方式，无视儿童自身的兴趣和需要。""艺术教育不纯粹是艺术技法的教学，而是通过艺术欣赏和创作的相互融合和渗透，达到提高儿童的审美感觉和艺术创造能力的目的。"

幼儿舞蹈是对幼儿进行审美教育的一种艺术形式，它只有与音乐、美术、文学等艺术形式的教育融为一体，才能切实提高幼儿的审美能力。幼儿的审美能力是在不断的积累过程中培养出来的，是一个长期的过程。有资料研究表明，在一个具体的审美活动中，如果要了解审美的过程，首先要明白审美的主体和课题，然后才能够继续审美。

舞蹈是一门艺术，舞蹈艺术所产生的美感是舞者的心理现象、文化素养集合在动作中的展现。

例如，舞蹈《姥姥门前看大戏》（后简称《戏》）就是以一首童谣入手："拉大锯、扯大锯，姥姥门前唱大戏。"讲述了一群天真活泼的小朋友经过"抗争"，跋山涉水，终于兴高采烈地来到姥姥门前，坐在了他们各自的位置上期盼着大戏的开幕。大戏开幕了，小朋友们在看戏的时候各自脸上丰富的表情，反映出戏曲的精彩。

幼儿只有在了解《戏》的情节，理解《戏》的情感的基础上才能在舞蹈情节中，做出各种各样的表情，这需要幼儿有一定的文学素养；在《戏》的表演中，坐在哪儿，坐姿怎样，怎样才能传达出美感，这需要幼儿有一定的造型和美术艺术素养；舞蹈中，幼儿的动作怎样才能与音乐合拍，并随着音乐旋律的高低起伏而有节奏地变换自己的动作，这需要音乐素养的支撑。一支小小的舞蹈，表面看似简单，实则蕴含了多种丰富的艺术元素。

2．幼儿认知方式决定了幼儿舞蹈的综合艺术形式

年幼的儿童是整体认知他所生存的这个世界的。对于幼儿来说，舞蹈是以美的形式，表现幼儿对整个世界的看法和态度的综合艺术。

幼儿舞蹈在本质上是幼儿最直接的生命活动。幼儿舞蹈通过对美的激发、诱导直达幼儿生命的本源。

幼儿舞蹈是幼儿对艺术品、生活、社会中美的事物的外在形式、结构的感知，包括外在形式美的感知和内在形式美的感知。这并非是纯感性的、单一的感知，而是一种审美器官对审美对象的完整形象的整体把握。

幼儿舞蹈需要幼儿审美感知力、审美理解力、审美表现力和审美创造力的共同支撑。幼儿舞蹈是幼儿在对艺术、自然和社会中蕴含的美的事物的外在形式结构与内在本质特征的审美感知的基础上，通过审美想象，对其表现的情感、蕴含的内容和象征意义的整体把握。

为了使音乐、美术、文学等艺术形式更好地为幼儿舞蹈表现力服务，在儿童舞蹈教学中，我们可以在秉承传统的基础上，广泛和灵活地采用电化教学手段。例如，蒙古族舞蹈中的"软手"动作，具有大雁在蓝天上翱翔的表现性，给人以辽阔壮观的美，动作由大到小，则有一种"远飞"之感和"草原静悄悄"的优美意境。在教学过程中，教师可以先通过电教设备展示草原飞雁、牧马的景色，蒙古族人特有的民族服饰和歌舞场面以及相关的人文地理概况，给幼儿以直观、丰富的感性认识，并将教师自己全部的智慧和情感深深地倾注于舞蹈美的示范表演和讲解之中，启发幼儿的想象，使他们有身临其境之感。这种形式的教学方式，必定能够引起幼儿持久的兴趣。

二、幼儿舞蹈活动组织形式

（一）幼儿舞蹈内容的选材

1. 选择题材

幼儿的生活丰富多彩，任何一件发生在他们身上的事都可以对我们有一定的启示，成为我们构思一部作品的素材。幼儿舞蹈的选材应始终追寻幼儿思维的奇特性，从幼儿所想和所做中取材，即所谓的"求童心，唤童趣"；同时，必须追求主题的新颖性及教育性。这就要求教师在编舞前先"童化"自己。

（1）选择题材可以从幼儿的生活事件中取材，最常见的是直接通过幼儿本身的形象或借助幼儿本身的生活片段，经提炼、加工成反映幼儿爱劳动、助人为乐、尊老爱幼等主题作品，如《洗手绢》《一分钱》《让座》等；或者通过拟人化的形象来体现人的思想形象，如《可爱的企鹅》，借企鹅表现出可爱、笨拙、滑稽；《喵呜》借小猫歌颂勤劳、机智等。幼儿易理解，爱模仿，也喜欢表演。

例如小班幼儿最喜爱小动物，他们乐于去表现和模仿，因此，在教学选材中就可以从小动物开始，让幼儿尽情地去表达自己想象中的小动物的形态；中班的教学选材可以围绕"我"来做文章，也就是让幼儿观察表达自己在平时生活中所发生的动作、情境，如自我服务、讲卫生、爱劳动等大量丰富的生活动作内容；大班的教学选材就逐渐地发展到让幼儿用肢体语言来表达动物、人物的情感，如喜、怒、哀、乐等。

因为舞蹈内容来源于幼儿的生活，所以舞蹈形象是鲜活的、丰富多彩的，只有幼儿发自内心的喜爱，他们才会敢于去体验，乐于去学习、探究。

（2）选择题材可以从幼儿喜爱的文学、艺术作品中取材，动画片《海底小纵队》是幼儿很喜欢的节目。其中人物的形象、动作人人爱模仿，歌曲几乎人人会唱，由此编排的由男孩表演的深受幼儿的喜爱。

（3）可以从环境中取材，根据时代的发展及当前的形势来确定主题。一座城市几年前曾获"全国第一卫生城"的光荣称号，为了对幼儿进行爱家乡、增强环保意识的教育，编排舞蹈《花满小城》；当年，以美国为首的北约悍然对我国驻南大使馆进行轰炸，举国上下义愤填膺。"中国人民不可欺，中华民族不可辱"的呐喊在幼儿园响起，在使幼儿懂得"国家强大，别人才不敢侵犯"的道理的同时，还创编了反映古代、近代与现代的中国娃娃发愤图强，从小立志"勤学苦练，兴我中华"的大型舞蹈《中国娃》。

（4）可以从本民族传统文化中取材，结合本地的季节及民俗选材。在北方，冬天街头一道美丽的风景线是老幼皆爱品尝一串串由不同原料（山楂、橘子、山药等）制成的酸甜香脆的冰糖葫芦（又名"糖球"）。据此编出了反映两群孩子手拿不同糖球在一起炫耀、品尝、嬉耍的具有地方特色的舞蹈《糖球乐》。此外，根据夏季人人爱摇把扇子在街头巷尾闲谈纳凉的情景而创编出舞蹈《妞妞嬉扇》。

2. 选取音乐

音乐是舞蹈的灵魂，幼儿舞蹈的音乐选取首先要注意音乐的曲调明朗、简单、形象，并且节奏感强，歌词也应顺口、押韵、富有感染力，让幼儿听后能展开想象，有想跳、爱跳的欲望。例如，某幼儿园在编排《中国娃》的舞蹈时，开始没有找到合适的音乐，之后选择了屠洪刚一曲响彻云霄的《中国功夫》。这首歌曲恰到好处地体现出中华民族以武强身，顽强不屈的精神，并且歌词通俗押韵、朗朗上口，幼儿学得很快。

3．编选动作

幼儿舞蹈的动作应从幼儿心理、生理及年龄特点出发，不应过于烦琐、过于复杂，应适合幼儿的接受能力。

从现实生活中提炼、加工、美化动作。例如，《糖球乐》《妞妞嬉扇》中的动作全取之于幼儿的日常动作，你一下、我一下炫耀以及品尝到又酸又甜的滋味而发自内心的表情都是日常生活中经常见到的。

从民族、民间舞中提取动作。我国是个多民族国家，其丰富的舞蹈艺术宝库中有取之不尽、用之不竭的财富。

借鉴中国古典舞或其他与舞蹈艺术有共同之处门类的一些动作。在舞蹈《中国娃》中，对于古代娃们，借鉴了中国古老戏曲中的圆场步及一些手位、脚位及眼神来亮相；近代娃则以京剧中蹚方步为基本动作；现代娃主要运用了一些艺术体操动作，整个舞蹈以武术操来贯穿。

4．选取辅助材料：服装与道具

在服装与道具上应有新颖的艺术处理，体现舞蹈的特点。如舞蹈《中国娃》中是这样处理的：古代娃身着斜襟束腰束袖长袍，手持马鞭威风凛凛地驰骋于疆场，当马鞭展开，却成了一面面写有"赵""钱""孙""李"等百家姓的古代战旗；近代娃则身穿马褂，头戴有长辫的瓜皮帽，手持写有"儒""道""法""墨"等各学派名的纸扇蹚步而出，儒雅书生气十足；现代娃着轻便练武短装，赤手空拳，一跃而上，整个场面令人耳目一新。再如《花满小城》，考虑到幼儿使用手绢花不方便，舞不起花来，便将八角手绢中间去掉一块，穿进橡皮筋后套在腕上，这样仅靠手腕的转动便可将手绢舞成一片花海，取得可喜效果。

总之，幼儿舞蹈的创编离不开幼儿的生活，更离不开编舞者的细心研究和耐心探索。不推陈则不会出新，在幼儿舞蹈这片沃土上，只有"几度春秋勤耕耘"的努力，才会有"月月岁岁绽新花"的收获和喜悦！

（二）基于其他艺术形式欣赏幼儿舞蹈活动

1. 基于音乐作品欣赏的幼儿舞蹈活动

结合课例——大班的《欢乐颂》进行分析。

（1）名称：欢乐颂。

（2）活动目标。

目标一：能自如地随音乐舞蹈，表达出幼儿热爱大自然的美好情感，体验欢乐的气氛。

目标二：初步培养与同伴的合作交往能力及自学能力。

目标三：在理解音乐的基础上，迁移自己的生活经验，创编出表达快乐、忧伤、渴望爱的舞蹈动作。

（3）活动准备：图谱两张，歌曲《欢乐颂》磁带，录音机；五个小组的标记（白、红、黄、蓝、绿五种颜色的花形标记，幼儿各有一枚，活动室地面贴上相应花形标记）；舞蹈用小道具（腕花），幼儿人手一对。

（4）活动过程。

随着《欢乐颂》律动音乐，幼儿有节奏地进入活动室。

幼儿倾听《欢乐颂》音乐，表达感受。

教师台词：你们听着这段音乐，想到了什么？看到了什么？心情怎样？

教师通过让幼儿仔细倾听音乐，让幼儿感受音乐的旋律，想象音乐所描绘的场面，开阔了幼儿的音乐眼界和生活经验。

教师为幼儿讲述《欢乐颂》相关知识。

教师出示音乐大师贝多芬的图像，讲述贝多芬的经历和这段音乐产生的背景。教师带领幼儿边听音乐边感受音乐所表达的情绪和情感。

教师出示挂图、图式讲解音乐作品的背景，使幼儿更加深入地理解音乐的内容和作曲家所要表达的思想情感。伴随激情澎湃、急速雄壮的旋律，《欢乐颂》表达出人们对自由、平等、博爱精神的渴望。

教师台词：你是如何听出作者的欢乐心情的？

幼儿一回答：根据节奏。

幼儿二回答：节奏很快，可（旋律）听起来又比较优雅。

教师台词：你们说得很好，那我们能不能随着这节奏做一些表现自己很快乐的动作呢？

创编舞蹈《欢乐颂》。

幼儿听音乐想动作。（指引幼儿感受音乐，初步设想舞蹈动作）

幼儿分组商量讨论，设计舞蹈动作，教师巡回指导。指引幼儿积极参与，在小组协商的基础上创编舞蹈动作，重点发现并指导幼儿创编出表达快乐、忧伤、渴望爱的舞蹈动作。

指引幼儿集体创编舞蹈动作，教师及时记录动作——画在图谱上。（鼓励幼儿大胆创编，引导幼儿编出与众不同的优美的动作，并着重表扬动作富有创意及在创编时能与同伴合作表演的幼儿）

幼儿不断地参与舞蹈动作创编，通过幼儿现场即兴生成的形象创编与音乐相匹配的动作，挑战了幼儿的快速反应能力和创造能力。

回忆创编动作，为连贯舞蹈做准备。（指引幼儿通过仔细观察图谱，回想动作）

教师台词：小朋友真能干，我们的舞蹈动作已经全部编好了，先请大家看着图谱来回想一下动作。（播放音乐）

看图谱学跳舞蹈。（能在参照图谱的基础上，初步随音乐完整练习）

教师台词：现在请大家找好舞伴一起来跳。（特别提醒幼儿在需要合作舞蹈时两人能互相配合好）

音乐连续播放两遍。戴腕花跳舞。

教师台词：小朋友跳得真好，现在请大家戴上腕花来跳。你可以学图谱上的动作，也可以自己想动作。（幼儿集体戴上腕花练习，能在音乐的伴奏下投入地表演）

（5）结束舞蹈

教师台词：小朋友的舞跳得真美，我们去小舞台上表演，好吗？（幼儿伴随《母鸭带小鸭》音乐愉快地走出活动室）

分析：教师通过更多地询问幼儿对学习方式和学习评价的意见，培养了幼儿的自我反思能力、自我评价能力和自我选择能力。

2．基于文学作品欣赏的幼儿舞蹈活动

结合课例——小灰老鼠的故事进行分析。

（1）活动目标。

目标一：感受故事中人物心情的变化：快乐、寂寞、失望、期望，学习表现大力先生、皮球小姐、小灰老鼠们走路的声音。

目标二：创造性地用身体动作表现大力先生、皮球小姐、小灰老鼠们走路的声音，在教师帮助下学习用舞蹈的形式表现故事内容。

目标三：通过倾听故事和表演故事，体验对朋友的爱，对朋友的需要，在集体结伴舞蹈中享受朋友们在一起的幸福感。

目标四：通过学习创编左右对称的舞蹈动作，理解艺术创作中的对称美。

（2）活动准备。

《小灰老鼠的故事》教材，音乐《加沃特舞曲》；各种动物的头饰若干、小灰老鼠的玩具。

（3）活动过程。

欣赏与表演故事。

教师声情并茂地讲述故事，幼儿倾听。

教师引导幼儿回忆故事中的人物、主要情节和情感发展变化的线索。

教师引导幼儿复述故事。

教师引导幼儿用身体动作创造性地表现大力先生、皮球小姐、灰老鼠们走路的样子，并用声音模仿它们走路的声音。

教师模仿三种不同动物走路的声音，要求幼儿听辨并用动作表现。

教师讲故事，全体幼儿根据故事情节变化用动作表演。在小灰老鼠和朋友一起唱歌跳舞时，大家一起表演创编的舞蹈。在不同动物出场时，大家一起跟着琴声表演特定动物走路的样子。

欣赏音乐：教师用玩具小灰老鼠随音乐操作表演。A 段两只老鼠一起跳，B 段两只老鼠独自跳，请幼儿边听边看；教师组织幼儿为乐曲分段编舞，注意指引幼儿使用左右对称的动作；教师带领幼儿学会跳自编的舞蹈，A 段两人结伴跳，B 段各自独立跳，指引幼儿间的情感交流。

教师引导幼儿随音乐表演故事内容。

（4）全班交流小结，教师引导幼儿反思，并展开讨论。

教师引导幼儿思考，在以上的活动中，故事、音乐的结构表现手法是一样的。

反思一：幼儿如何用舞蹈表现故事中人物复杂多变的情绪情感。

《小灰老鼠的故事》中小灰老鼠所表现的情感十分细腻，当小灰老鼠遇到朋友时，它是快乐的；当朋友走后，它是寂寞的；当盼着朋友来时，它是期待的；当发现不是朋友来时，它是失望的；当终于发现是朋友来时，它是欣喜的、快乐的。这些丰富的情绪情感变化对他们来说还很难把握。因此，在本次活动中，很有必要加强幼儿情绪情感方面的体验。

某教师本想从幼儿的真实生活中提取这些情绪情感的素材，可是通过谈话才发现，他们的快乐情绪非常多，而其他的情绪情感虽然存在，但是没有适当的情境可以激发幼儿去体验，幼儿对这些话题丝毫不感兴趣。于是，这位教师考虑到采用影视作品中具有失望、寂寞、期待、伤心等情感色彩的画面和片段来引起幼儿的情感共鸣。在情感体验活动中，这位教师选择了动画片《黑猫警长之吃丈夫的螳螂》。在这个动画片里包含很多情绪：当大家找不到偷吃苞米的一只眼时大家很失望，当螳螂想要尽快见到丈夫时很期待，当螳螂把丈夫吃掉以后被黑猫警长抓进监狱时很寂寞，当螳螂讲述为什么吃掉丈夫时很伤心。把这些画面一一呈现在幼儿面前，每欣赏一段画面，这位教师就和幼儿一起讨论他们看到的、听到的和想到的，并单独用音乐《加沃特舞曲》进行再体验。以期待情感体验为例，具体过程如下。

教师引导幼儿对关于期待的话题进行讨论。

幼儿一回答：螳螂很想见到丈夫！

幼儿二回答：螳螂从窗户中向外望，好想赶紧见到丈夫！

幼儿三回答：螳螂好像有点害羞，她用手指抚摸着脸蛋儿呢！

幼儿四回答：螳螂弯着腰，一个胳膊靠在窗户上，望着外面弹琴唱歌的丈夫，好想跟他见面。

幼儿五回答：螳螂从床上爬起来梳理了一下头发，就赶紧跑到窗户那儿。教师引导幼儿对期待音乐的再体验。（《加沃特舞曲》中的 B 段欣赏）

幼儿一回答：音乐的开始有点慢，到了后来就快了，感觉就像螳螂跑过去见丈夫一样。

幼儿二回答：我觉得像小灰老鼠跑去开门要见朋友们。

幼儿三回答：最后那段音乐是快了一点，后来又慢了，感觉像是小灰老鼠跑去开门开了一下不是自己的朋友又很不高兴地回来了。

教师引导幼儿从体验过渡到表现。

在期待音乐的伴奏下，教师引导幼儿表现螳螂期待的情感，有的幼儿轻轻地走到教室的一边，东张西望；有的幼儿躺在地上，又从地上赶紧爬起来（幼儿把地当成床），用手当成梳子梳理自己的头发；有的幼儿干脆跑到窗子边，支起胳膊向窗外望去。

在基于文学作品欣赏的舞蹈活动中，利用视觉与听觉材料作为辅助素材更能激发幼儿用动作表达情感。

反思二：舞蹈活动中文学作品欣赏的特点是什么。

舞蹈活动中文学作品的欣赏不同于其他文学欣赏，其重点是激发幼儿的表演欲望；使幼儿熟悉文学作品中人物的主要特征，把握文学作品中的冲突所在，体验文学作品中的人物心理活动等。在舞蹈活动中，文学作品的欣赏应从多层次、多维度进行；无论是视觉方面，还是听觉方面，都要为幼儿提供生动的体验和模仿的辅助素材。可以说，同一部文学作品多维度的欣赏不仅可以满足幼儿反复欣赏文学作品的心理需求，还能满足幼儿舞蹈创作的要求。

3．基于美术作品欣赏幼儿舞蹈活动

美术作品的种类繁多，包括绘画、雕塑、建筑、工艺美术等。本书选取绘画中的漫画，情节生动有趣的漫画作品可以吸引幼儿更好地表现其中的情节。

结合课例——大班的《父与子》进行分析。

（1）名称：父与子。

（2）活动目标。

目标一：在理解漫画作品内容的基础上，尝试用舞蹈动作表现漫画内容。

目标二：养成细致观察和大胆想象的习惯。

目标三：通过扮演父与子的角色，体会父子之间浓浓的亲情。把《父与子》的漫画书放在图书角，让幼儿翻阅。《父与子》是德国著名漫画家卜劳恩的佳作，讲述的是父子之间有趣的故事。这种父子间的爱，给人们带来了甜蜜。那个秃头的大胡子爸爸，慈祥、和蔼、幽默；那个留着刺猬头的淘气儿子，调皮、聪明、可爱。《父与子》中尽管没有一个字，却很容易被读懂，常使人发出会心的微笑。漫画的温情、滑稽、幽默能够引起幼儿极大的欣赏兴趣。

（3）活动过程。

从"我的爸爸"的谈话入手，引出漫画作品《父与子》，和幼儿一起欣赏。

教师用投影仪将《父与子》展示给幼儿，提问：你们在画面上看到了什么？他们都在干什么？

投影仪幻灯一：假日的第一天早晨，儿子还在睡梦中，爸爸和一个叔叔轻手轻脚地走进儿子的房间，要给儿子一个惊喜。

教师台词：你从哪里看出来他们是"轻手轻脚"？如何用你的动作来表现？幼儿创编表演各种轻手轻脚的动作，教师用图示法记录下来。

投影仪幻灯二：他们轻轻地把儿子抬上了汽车。

教师台词：你们如何轻轻地抬起一个小朋友？三个幼儿合作，探究轻轻抬起其中一个小朋友的方法。教师观察、指导。（幼儿创编出两个小朋友分别左手搭右手握紧对方，第三个小朋友把左右腿分别放进圈内坐骑在上面的方法）

投影仪幻灯三：儿子睡得可真香，还没有醒。汽车开到马路上，马路上的人都奇怪地看着他们。父亲把手指放在嘴上示意大家别吵醒儿子，指挥交通的警察也让大家保持安静。

教师台词：谁来扮演警察？警察的动作有哪些？如何表演出行人奇怪的眼

神？

幼儿进行角色扮演并创编动作。

教师让幼儿想象第四幅有可能是什么画、父亲把儿子带到了哪儿，鼓励幼儿用动作创编表现出来。

教师台词：猜一猜，爸爸究竟要把儿子抬到哪里去呢？

教师出示投影仪幻灯四没有背景的图片，指引幼儿观察图片中儿子的表情，想象并创编动作。

分组讨论：每组一名幼儿将自己小组讨论中最"惊奇、大胆、浪漫"的情景表现给大家看，感受漫画带来的惊喜与幽默。

教师台词：这是什么地方，景色怎么样？

幼儿：父亲把儿子抬到了森林里（或公园里、牧场）。太阳出来了，儿子醒来一看吃惊极了，他看到了……

教师台词：他看到了什么呢？

教师鼓励幼儿大胆用动作表示一些事物和形象，如小动物、随风摇摆的树枝、正在绽放的花朵等。

投影仪幻灯五："以为在做梦呢"，爸爸躲在树后悄悄地笑了。

教师台词：图片上这些内容给你们什么感觉？作者为什么要画这样的一幅画，想表达什么意思呢？

教师和幼儿一起小结：假期到森林里玩，正是儿子的心愿。这幅漫画体现了父亲对儿子深深的爱。

看投影仪幻灯后，老师鼓励幼儿表达自己的想法，模仿并自由创编图画中人物的神情、动作。

教师请幼儿分角色表演这个舞蹈。

全班交流小结，教师引导幼儿反思。

反思一：漫画作品欣赏应侧重漫画风格和内容的欣赏。

舞蹈活动中的美术作品欣赏不同于其他的美术作品欣赏，它侧重风格和内容的欣赏，让幼儿了解作品的风格，并激发幼儿以作品为素材进行表演的欲望，是漫画欣赏到舞蹈表演最关键的一步。

欣赏与动作表现相结合是一种动静结合的欣赏方式。漫画夸张、幽默、流畅地勾勒线条，突出角色动作的向度、节奏和质感，易于被幼儿所感受，并使幼儿乐于模仿漫画中角色。此教案中教师不但关注了作品的内容，没有忽视对作品风格的欣赏，也没有忽略作品形式对舞蹈表现的价值。所以，在本活动中，教师始终关注幼儿动作表现的幽默和诙谐。

反思二：漫画作品可发展为多种形式的幼儿舞蹈。

漫画可以发展为多种形式的幼儿舞蹈，如集体舞、歌曲表演、音乐游戏、歌舞剧等。幼儿舞蹈生活化、情趣化、直观形象化的特点和漫画的动作性、趣味性、生活化等风格特点不谋而合。漫画以人物的动作描画为主，即使有语言也是简单的对话或说明，舞蹈恰恰可以尽情地以肢体动作和表情再现漫画的动作。漫画的人物很少，一般只有两三个角色，即使有很多人物也是一种群体性角色，集体舞、歌曲表演、音乐游戏、歌舞剧都可以由多个人物来表演。

反思三：什么样的美术作品可以用舞蹈的形式来表现。

什么样的美术作品可以用舞蹈的形式来表现？是不是只有漫画作品呢？答案当然是否定的。教师在选择美术欣赏作品时要从幼儿的经验视角来考虑舞蹈的表现性、内容的适宜性，要挖掘幼儿的兴趣点。但是在幼儿感兴趣的基础上，是否还需要考虑其他选择依据呢？以《父与子》为例，该作品趣味性很强，作品中人物的神态、形态深深地吸引着幼儿，适合幼儿用舞蹈的形式表现，这是一个非常重要的因素。另外，选择美术欣赏作品应该以经典的美术作品为主，教师可从中选择与幼儿生活接近的，幼儿能够理解的作品，尤其要考虑本班幼儿的共同特点。

三、幼儿舞蹈的教学

（一）教学过程策略

幼儿舞蹈的教学过程策略是指运用过程思维（发现问题—寻找策略—解决问

题的思维过程），促进舞蹈教学实践过程创新（学习情境创设—教师提出具有挑战性的任务—幼儿自主创作—表现与表达）。过程思维在幼儿舞蹈教学中尤为突出。因为幼儿舞蹈活动本身就是一个思维建构的过程。"如何编排舞蹈""如何指导动作""如何被幼儿理解"都需要以系统的方法进行。这一方法的构思"建模"雏形以及最终完成都离不开过程思维。另外，还需要创新来增加教学构思的趣味性，培养幼儿学习舞蹈的热情，提升幼儿艺术水平，让他们专注倾听"示范"，乐于模仿和表演，并善于动脑创造。

1．活动开始要吸引幼儿的注意力

活动开始应该吸引幼儿的注意力，让他们聚精会神地看教师教的舞蹈动作，让他们跟上学习节奏不分心。前者依靠施教层次化解决，后者依靠施教内容贴近展开。如对幼儿进行基本舞步教学的时候，教师可以先播放准备好的优秀幼儿舞蹈表演视频，让幼儿先看看其他小朋友的表演，从赏析中感受舞蹈的艺术魅力。教师进行适时的讲解："这么美的舞蹈其实我们也可以跳，只要学会了几个基本动作，我们跳得可以和他们一样好。"这是激发幼儿学习兴趣的引导。然后，教师与幼儿手拉手围成圆圈，展开走动、跑动和跳跃舞步的基本教学。可以说，幼儿舞蹈教学的核心是怎样让幼儿喜欢舞蹈。

2．活动中要将幼儿兴趣需求放在首位

教师编排舞蹈的时候要从幼儿日常生活中去发掘素材，以幼儿喜好的题材作为舞蹈教学的主体，用幼儿视角去分析和再创造舞蹈，将动作更简化，将教学语言更童趣化，以便于被幼儿接受和吸收。

3．多种艺术手段相结合进行教学

"多样化"是幼儿舞蹈教学过程中的创新思考，一个音乐背景下可设立多个舞蹈题材，幼儿可以依据内心喜好创造不同的舞蹈角色，运用综合艺术手段展现出舞的艺术内涵。这是教学过程策略浓重的一笔，涵盖了舞蹈创作、舞蹈表现形式、舞蹈背景布局、音乐、舞蹈道具以及舞蹈组合等方面。

例如，幼儿舞蹈——爵士舞《玩偶》，这个舞蹈一开始结合八音盒的美妙音乐立即引起了幼儿的兴趣。舞蹈编排上用提线木偶的方式展示韵律节奏，让肢体动作表现出协调统一。木偶和小主人分层次展现舞蹈动作，体现舞蹈不同表现形式。通过爵士舞蹈的肢体抖动、四肢的自由律动表现出玩偶的可爱以及小主人和玩偶一起玩耍的开心。教师在一个舞蹈的教学思路中贯穿了多种艺术手段，在提高幼儿舞蹈技能的基础上拓展了幼儿的知识层面。教师在过程思维中要不断激发幼儿的舞蹈潜能，让幼儿在教师的指导下产生创作欲望。

教师在教学中还要给幼儿设立舞蹈实践的舞台，但不局限于某一堂课，某一次集体教学活动，可借助班级交流、比赛等方式，给幼儿提供舞蹈艺术实践的机会，在验证教学成果的同时，让幼儿积累舞台表演经验。

（二）组织教学过程

1. 以舞蹈激发兴趣

幼儿是灵动的，他们习惯无拘无束，这种对自由的诉求是他们本性的体现。兴趣是产生学习动机的重要心理因素，它是指人对现实世界的一种特殊的态度，是人对学习的一种积极认识倾向和情绪状态。兴趣是老师，是学习的动力，也是幼儿主动学习的前提。幼儿有意识控制自己行为的能力较差，学习积极性直接受兴趣支配，因此在幼儿舞蹈教育目标上应把激发幼儿的兴趣放在重要位置，在激发兴趣的基础上，让幼儿学习最基本的技能技巧。在日常生活中恰当地、不断地提供舞蹈刺激，激起幼儿愉快的情绪，使幼儿的舞蹈天赋得以很好地发挥。

具体地讲，可以在班中设立"表演区"，并在其中放置不同的头饰、彩带及幼儿喜欢的舞蹈服，通过播放音乐，让幼儿自由表演、自由创作。这样可以培养幼儿舞蹈的活动能力以及对舞蹈的兴趣。

2. 创设情境化动作

教学实践表明，在幼儿舞蹈教学中绝不能只告诉幼儿膝盖要伸直、手臂要伸展等，这种仅从生理的角度来解释动作，幼儿是无法理解与接受的，因为他们缺乏关于这种动作的经验，也不知道这样做是为了什么，幼儿在不理解的状态下学习舞蹈就会处于茫然状态，所以用故事语言来描述舞蹈动作情境就显得尤其重要。因为有形象化的故事语言来支持幼儿所表演的动作，幼儿才能明白这样做动作的理由是什么，幼儿的情感表现才会在语言提示下表达出来。在指导幼儿舞蹈学习时，可以运用故事语言帮助幼儿深化舞蹈的表现，即在教幼儿舞蹈时，可以先把舞蹈内容编成故事讲给幼儿听，帮助幼儿理解舞蹈内容，促使幼儿跳起舞蹈来能创造性地塑造各种舞蹈形象。如在舞蹈《苹果丰收》的教学中，运用故事情节来激发幼儿兴趣：秋天的苹果园里，成熟的苹果挂满了枝头，果子有的挂得高、有的挂得低，有的大、有的小，果农们有的站在地上摘、有的爬到树上摘，有的踩着梯子摘，有的抱，有的抬，有的扛，好不热闹。以故事帮助幼儿感知理解苹果丰收的情景，让幼儿知道自己在舞蹈中扮演的是怎样的角色，体会果农看到满园成熟的苹果时喜悦的心情，思考怎样创编才能够摘到树上高低不一的果子的舞蹈动作等。因为幼儿是以果农的身份来表现舞蹈的，他们在舞蹈时就更有表现欲、创造欲和成就感。因此，借助故事语言描述舞蹈内容的方式来帮助幼儿学习舞蹈，是幼儿园舞蹈教学的有效手段。

3．开展游戏化教学

游戏是幼儿舞蹈学习的主要方式，幼儿游戏时不存在任何强制性的要求，玩与不玩、玩什么、怎么玩，都是由游戏主体自由选择并自主决定的。幼儿在游戏中经常玩角色游戏，他们以自身或他物为媒介模仿人物、动物及其他事物的动作、行为、表情以及态度，还经常充当导演的角色自导自演，这就决定了幼儿舞蹈蕴含着游戏性因素。因此，教师要善于借助游戏化的教学方式，让幼儿的舞蹈学习富有游戏性。游戏化的教学方式即教师要扮演幼儿舞蹈的参与者、支持者、指引者、合作者，为幼儿设置舞蹈的游戏情境，让幼儿在游戏情境中探索、学习舞蹈。如在《小螃蟹找工作》的舞蹈中，小螃蟹克服困难，爬过山坡蹚过小河，找了一个又一个工作，最后在朋友们的帮助下，终于找到了合适的工作。这样富有游戏性的故事情境非常具有儿童游戏特点，从动作的因素来看，小螃蟹横着走的步态，爬山坡时拉着草、攀着树枝的不同动作，与不同的动物朋友见面打招呼的不同动作，都十分具有趣味性和游戏性，因而幼儿就很感兴趣。教师要根据小螃蟹的形象来启发幼儿按照自己的经验想法去表现小螃蟹是如何横着走，拉着草、攀着树爬坡等动作。教师这时的教，就不是教动作，而是教会幼儿在观察生活、体验生活的基础上去发展、去创造、去感受，用非语言形态的身体动作表达游戏内容，这些内容最后构成符合幼儿心理生理发展的、具有审美意义的幼儿舞蹈。这样的教学，真正为幼儿提供了在舞蹈学习中的自主学习的空间，尊重了幼儿认知的方式。让幼儿以游戏的方式去感知、表现舞蹈，这不仅是让幼儿学舞蹈，更重要的是让幼儿在充满游戏化的舞蹈教学过程中，体验到生活的艺术升华，形成幼儿独特的舞蹈创作思维。

4. 组织协作化学习

平等的教学关系在教育过程中很重要，教育过程是幼儿和教师共同参与的过程，也是幼儿和教师、幼儿与幼儿真正合作的、相互作用的过程。教师在舞蹈教学中要像导演一样去启发幼儿，不是以导演的身份代替这些小演员去规定动作，而是要顺着故事的逻辑线索启发幼儿完成舞蹈。这样的教学过程才是真正民主的协作方式。在幼儿舞蹈教学中，教师与幼儿要针对舞蹈故事中的角色展开讨论、交流，通过不同观点与动作的补充、碰撞、修正，加深教师和幼儿对当前故事中角色动作的理解。

例如，在《快乐的小白兔》舞蹈中，当幼儿表演了"小白兔吃萝卜"的故事，教师接着就问："小白兔吃完萝卜它又做什么了？"幼儿会说："拔青草。"教师又问："拔青草时看见什么了吗？"幼儿会说："小虫子。"于是，幼儿开始做出拔青草、捉虫子等一系列动作。这个舞蹈故事是教师顺着幼儿的思路带领幼儿共同创编的，教师替幼儿搭建着舞蹈故事的骨架，幼儿以动作的创编与教师一起完成舞蹈的教与学。正是得到了教师的支持与启发，幼儿才完成了所编的故事和动作，并且在不断调整、改变中发展舞蹈的故事和动作。

这种教师与幼儿之间协作的方式所产生的对话式的教学，为教师更进一步地启发幼儿进入更深层次的舞蹈体验创造了条件，也为教师的教学过程形成多层次的、多方位的实践提供了可能。同样，幼儿与幼儿间也有着协作的舞蹈学习关系。在故事化的舞蹈教学中，有些幼儿的动作思维常常是借助其他幼儿动作，是前一个幼儿的创作思路提示了他。如在表演《大树妈妈》时，当幼儿表演完后，教师使用精准的语言描述并模仿该幼儿的动作作为反馈：哦，双手高举，五指张开，这是一棵很高大很茂盛的树啊！教师反馈后，其他幼儿很快又做出了矮矮的树妈妈、瘦瘦的树妈妈、会跳舞的树妈妈。可见，这样的方式让幼儿学习采纳他人的观点，学习他人的长处，形成协作互动的学习状态。

教师在舞蹈教学中恰当、及时地使用语言、体态和表情等多种方式，让表演的幼儿和其他参与活动的幼儿都能清晰地感受到同伴有创意的表现，使幼儿的舞蹈学习处于一种互动协作的状态。这是一种打开幼儿舞蹈思路的有效方法，是培养幼儿学会采纳他人长处的一种方式，对培养幼儿成为社会人具有十分重要的意义。

舞蹈是一门富有灵性的、运动着的艺术，它的形象和动态是幼儿最乐意、最容易接受的方式。从生活中提炼动作是舞蹈创作的根本，以故事为纽带来展开表演与创作是舞蹈艺术教学的手段，从游戏出发是舞蹈教学的有效方法。这样的舞蹈教学即遵循了幼儿学习的特点，又符合舞蹈教学发展的规律。

第四节　幼儿舞蹈的具体教学内容分析

一、教学内容：韵律

当音乐响起时，幼儿通常会随之做出简单的律动动作，这既是幼儿表现自我的方式，也是幼儿与伙伴之间沟通和交往的过程。可以说，幼儿的天性和本能决定了律动的适应性。

（一） 幼儿律动的含义

幼儿律动是指幼儿在音乐或节奏乐器的伴奏下，根据音乐的性质、节拍、速度产生一种与音乐节奏内容相适应的感情，这种感情自然而有规律地通过身体动作与姿态表达出来；简单地说，由音乐节奏激发感情，同时又把感情变为节奏动作的表现就是律动。

幼儿律动是幼儿表达情感的一种最直接、最自然的方式，它能有效地训练幼儿动作的协调性和音乐节奏感，提高他们对自然事物的艺术表现能力。幼儿律动是幼儿舞蹈教学活动最基本的组成部分。

（二） 幼儿律动的特征

1．注重表达音乐元素

律动教学是从音乐入手，先让幼儿聆听音乐，指引幼儿通过身体运动去接触音乐的各个元素。这种教学的目的是培养幼儿对于节奏韵律的直觉本能和对音乐的情绪、表现的感觉，对运动平衡的感觉，以及培养有规律的运动神经系统、训练有节奏的心理。

节奏是构成音乐的基本元素，也是最重要的元素，是音乐美感的来源。通过身体的动作和肌肉的反应来感知节奏，是律动活动的最终目的。幼儿的身体就是体验节奏的第一载体，他们可以通过身体动作的节奏感知音乐的基本要素，如速度的快慢、力度的强弱、音调的高低等。为了让幼儿更好地用身体来表现和感受音乐的节奏，幼儿律动的音乐一般是节奏清晰、结构工整、乐段反复出现的，教师要强调幼儿的律动动作遵循音乐的节奏性，以体验和感受音乐的情绪表现。

2．注重动作的单一和重复性[①]

跟随音乐舞动肢体是幼儿一种天生的自然反应，意味着孩子对节奏、旋律的心神意会与融会贯通。幼儿舞蹈律动中的动作较为单一且反复出现，是由幼儿学

[①]董丽．幼儿园教师舞蹈技能[M]．北京：高等教育出版社，2012.

习过程中注意的特点决定的。在教学过程中，幼儿对教学内容的学习是有选择性的，他最初注意到的只是刺激物的特点，而律动中主题动作的重复出现，实际上是在幼儿的学习过程中，提高刺激物对幼儿的刺激强度，使之明确地体会到这个单一身体动作所带来的感觉，强化动作记忆。

3．注重动作的目的性

幼儿律动活动是以训练幼儿身体的协调性和音乐的节奏感为主要目的的舞蹈教学活动。因此，每一个律动活动都有着明确的目的性。如在选择律动活动的时候，是以培养幼儿对节奏的认知为主要目的，教师则可以通过不同旋律的音乐让幼儿进行相应节奏下动作的变换（从慢走、快走、小跑步的变化）；如把训练幼儿的模仿力作为主要目的，就可以进行模仿类律动活动的教学（其中包括人物类、动物类、生活类、自然类等）。有目的的舞蹈律动教学活动可以让幼儿用自然、生动的肢体语言去感受和表现音乐。

（三）　幼儿律动的作用

1．培养幼儿的感受力

律动活动对幼儿音乐感受能力的发展至关重要。因为，身体的动作本身就是音乐的化身，身体的动作产生于音乐，反过来音乐也体现在身体的动作中。让幼儿采用动作的方式听音乐，可以让他们用身体动作的节奏表现生活中所感受到的、思考的事情。在幼儿用身体聆听、感受音乐的过程中，他们逐渐掌握了音乐的节拍、节奏、强弱，以及所表现的音乐形象和渲染的气氛。

律动活动可以极大地促进幼儿听觉系统的发展，让幼儿用律动活动领悟音乐的节奏元素，感受音乐的美妙，最终能提高音乐的欣赏能力，增强对音乐的感受力。

2．培养幼儿的表现力

音乐是诉诸情感的艺术，而律动是把对音乐的感受和身体的运动密切地结合起来，共同表达情绪情感。当幼儿仔细聆听音乐，并将音乐与身体的反应结合起来的时候，它就产生了表现音乐的巨大力量；与此同时，也强化了身体与音乐之间的联系。律动中鼓励幼儿对音乐做出自然反应，并在此基础上引导他们主动地、积极地用身体动态感受和表现音乐，感知音乐的情绪，使之音乐表现能力得以发展。

3．培养幼儿的创造力

律动是一项需要丰富的想象力和创造力的活动，它成为幼儿在生理运动器官和思维之间一种自由转换和密切联系的媒介。由于幼儿已经具备一定的生活积累和记忆储存，而这种生活积累和记忆储存所引发的联想和想象又不尽相同，所以用身体表现出来的律动形象也是千姿百态、各具特色的。

在律动中，幼儿随着音乐意境产生的生动想象，容易唤起他们对相关事物的视觉印象、听觉印象等。这种联想与形象记忆发生相互作用，引起幼儿的积极思维活动，从而发展他们的想象力和创造力。

（四）幼儿律动的类别

1．节奏性律动

节奏性律动指随音乐做节奏练习的律动。它可以通过走、跑、跳、拍手、点（摇）头、拍腿、跺脚等单一动作进行训练。如手指游戏就是一个较为简单又深受幼儿喜欢的律动活动。在律动中，幼儿可以通过手指触碰自己的眼睛、眉毛、鼻子、耳朵、嘴等面部器官，这种单一的、有节奏的触碰练习，不仅可以帮助幼儿发展精细动作的能力，还可以帮助幼儿认识身体并建立身体意识。

2．模仿性律动

模仿性律动是让幼儿随音乐模仿从日常生活实践中提炼出来的节奏感较强的动作，其中包括自然类、植物类、动物类、人物类和生活类等内容。

由于幼儿的好奇心强，他们对自然界中的一些现象有着极大的兴趣。因此，自然类律动的教学可以让幼儿了解一些基本的自然现象，在掌握身体的表现技巧的同时，也渗透了科学教育。植物类的律动可以表现小树长大、种子发芽、鲜花开放等；动物类的律动可以表现小鸟飞、小鱼游、小马跑等；人物类的律动可以表现解放军、医生、厨师、机器人等；生活类的律动可以表现起床穿衣、洗脸刷牙、吹拉弹唱、打扫卫生等。通过清晰可见的动态形象模仿，可以极大地激发幼儿学习的兴趣，增强学习的趣味性。

3．综合性律动

综合性律动是让幼儿随着音乐完成简单的舞蹈动作的律动。综合性律动已具有舞蹈的表演因素，要求动作准确，身体各部分配合协调，具有舞蹈感、表现力等。如模仿动物类的律动《小孔雀》，在律动中可以添加许多具有小孔雀形象特征的动作如小孔雀喝水、梳理羽毛、照水影等。它既单一地体现了孔雀的动作形象，又综合地表现了舞蹈律动的美感，发展了幼儿的艺术表现能力。

（五）课例指引：我学小动物

幼儿律动《我学小动物走路》。这是一个模仿小动物走路姿态的律动。歌曲用说唱的形式形象地描绘了四种小动物的走路动作特征，分别是小兔走路蹦蹦跳跳、小鸭走路摇摇摇、小乌龟走路慢吞吞、小花猫走路静悄悄。具体形象的歌词，使幼儿很容易联想到生活中这些小动物的可爱的形象与特点，而小兔的蹦跳步、小鸭的摇摆状舞姿、小乌龟的慢步行走和小花猫的轻步行走的姿态也易于幼儿肢体表现。通过这些动作不同的形态特征，加深了幼儿对动物走路特点的认识和了解。

二、教学内容：幼儿集体舞

幼儿集体舞是幼儿集体参与的艺术活动。幼儿通过自己的身体动作与环境展开积极的交往和联系，不仅满足了幼儿对音乐的参与、探索的需要，又满足了他们情感表达和交流的需要，从而获得集体的归属感。以简单、重复动作为主的集体舞表演，可以培养幼儿感受美、表现美的情趣，丰富幼儿的审美经验，感受体验交往的愉悦情绪。

（一）幼儿集体舞的含义

幼儿集体舞是幼儿舞蹈教学的形式之一。它是指有许多幼儿共同参与的，在音乐的伴奏下进行队形变化、人际交流的一种集体性舞蹈。

作为一种集体参与的艺术活动，幼儿集体舞可以把幼儿的个体情感与集体情感很好地联系起来。它既强调幼儿个性气质的展现，又强调幼儿情感的表达交流，在简单、重复的动作表演中培养幼儿感受美、表演美的情趣。

（二）幼儿集体舞的特征

1．注重幼儿的集体行为

集体舞最大的特点在于它是一种集体行为的舞蹈艺术，需要依靠全体幼儿共同参与完成，它是真正意义上的使每一个幼儿都享受舞蹈美感的教育活动形式。由于每个幼儿的个体能力、兴趣爱好及对音乐、舞蹈感受的不同，他们或许是有选择性地参与到其他形式的舞蹈学习或表演中，而在集体舞这个特殊的教育活动中，每个幼儿都可以有机会来表现、交流和分享舞蹈带给他们的快乐，其教育意义在某种程度上要胜于舞蹈动作本身。

2．注重动作的简单性和重复性

集体舞的特点之一是队形的反复变化，在队形变化的基础上，对音乐、动作的要求降到最低。在设计集体舞的时候要注意音乐、动作的结构是简单的、多重复的，其变化的频率不要太快。有经验的教师甚至把基本动作设计得极为简单，只要孩子能在其中快乐地进行队形变化、交换舞伴就可以了。

如果舞蹈设计的动作难度大、结构复杂，就会给幼儿带来认知上的压力。一般来说，一个集体舞中只选择一两个基本动作，每个动作至少重复进行一个八拍以上。这是因为在集体舞中，幼儿需要记住的不仅仅是动作，还要记住队形、交换舞伴等。简单重复的舞蹈动作、单一的舞蹈结构可以让孩子们在不顾及动作难度的情况下快乐地进行队形变换，体验到成功的快乐。

3．注重队形变换的规律性

整齐而有秩序的舞蹈队形是集体舞的一个基本要素，它需要参与的幼儿共同遵守舞蹈规则。队形不断地流动，舞伴不断地交换，是集体舞最有魅力，也是最有趣的地方。不同幼儿之间的交流和配合，既满足了幼儿的新鲜感和好奇心，也增进了幼儿之间的情感交流。

在表演的过程中，原本两两结伴、运用动作和眼神进行情感交流的幼儿，转眼间变换了新的交流对象。这种流动性的交往为幼儿营造了一种游戏化的情境，让幼儿感觉到"真好玩"。交换舞伴可以有效地促进幼儿间的互动，让他们真正体验到集体舞蹈的愉悦。

（三）　幼儿集体舞的作用

1．提高幼儿的合作和交往能力

幼儿期处在各方面能力发展的关键期，也正是合作意识和合作能力产生和形成的关键期，因此，在这一阶段培养幼儿的合作能力至关重要。由于是集体舞，每个幼儿除按照规定要求完成动作外，还要和大家进行合作配合，这就需要他们拥有一定的与别人进行交流、沟通、协作配合的能力，这样才能最终实现集体统一完成舞蹈的目标。在集体舞中，幼儿人人有任务，每个幼儿都是团体中的重要角色，他们在"坚守"自己岗位的同时，逐渐摆脱了以自我为中心的个性特征，分享着与同伴合作的喜悦之情。对于幼儿来说，集体舞教学不仅可以初步培养他们的集体意识，也可促进他们人际交往能力的发展。

需要特别指出的是，由于社会及家庭环境的不同，每个幼儿都有其不同的性格，有的孩子活泼大方，他们参与集体舞的积极性就高；有的孩子胆小懦弱，他们就有可能不太愿意参与集体的活动，因此需要教师以平等的关系指引幼儿，使每一个幼儿都有充分表现自己的机会，让他们在同他人的交往中体会到成功的喜悦与快乐。

2．提高幼儿的感知力

集体舞是一种方向性极强的舞蹈，特别要求在统一的动作中完成方向的变化。如果有个别幼儿动作方向发生错误，就会与其他伙伴发生"错位"，进而影响到队伍的协调一致，因此，要求幼儿有一定的空间感知力和时间感知力。具体来说，幼儿一方面要按照要求做好自己的舞蹈动作，还要顾及四周同伴的队列站位、动作变化等是否符合要求，随时根据别人的位置变化对自己的动作位置等进行调整（如合理地避让空间，使做动作时不至于影响到自己和他人），以达到集体统一的效果，这对于幼儿空间概念的发展有很好的促进作用；另一方面，幼儿还要明确在某个具体时间上对于空间位置的把握（如哪个乐句进行队形和位置的调换），通过把握在某一时间点上有规律的动作变换，这可以极大地促进和发展幼儿的音乐感知力。

3．增强幼儿的规则意识

幼儿期是儿童规则意识萌发和规则行为初步形成的重要时期。集体舞应该是幼儿接触的较早、较简单的需要遵守规则的活动。在集体舞活动中，幼儿不仅可以感受到自我和他人的存在，还可以感受到除自我以外他人利益的存在。如果在集体舞活动中遵守规则，那么就会在同伴交往中更容易得到认可，形成和谐的互动关系，进而对个体的自我评价带来积极影响。因此，教师需要积极引导幼儿提升自己的规则意识，养成一定的规则行为，让幼儿体验到遵守规则会让舞蹈变得更美、更好。在快乐的舞蹈中进行规则意识的培养，会达到"润物细无声"的教育效果。

（四）幼儿集体舞的形式

1．圆圈式排列

圆圈式（单圈式、双圈式）是幼儿集体舞中涉及最多的一种舞蹈表演队形，它便于幼儿之间的交流，能产生团结友爱的气氛。

（1）单圈——面向圈里或面向圈外。

（2）单圈——顺时针或逆时针间隔行进，镶嵌成一个圆（S形）。

（3）双圈——里圈不动，外圈顺时针移动一个人的位置（或相反）。

（4）双圈——里外圈的伙伴（握手）转动半周，里圈变外圈，外圈变里圈（交换位置）。

2．行列的排列式

幼儿可以通过行列排列的整合，做方向或位置上的变换。

（1）行列解散、重新组合（横排、竖排）。

（2）放射状队形（从密集的队形向外发散）。

3．链状式排列

链状式是一种追随领舞的舞蹈队形。它可以很好地训练幼儿控制队形的能力。

（1）断裂、重组的链状（如八人的竖排队形变成两排四人的竖排队形）。

（2）螺旋状队形（由个别幼儿带头走S状路线，其他幼儿跟随其后）。

4．邀请式

邀请式可以在圆圈式或行列式的队形上进行。由部分幼儿做邀请者，邀请舞伴共舞。

（1）音乐结束时，两人交换位置，被邀请者成为邀请者继续进行。

（2）舞蹈者成为邀请者邀请舞伴，使舞蹈者越跳越多，直到把幼儿全部邀请完。

三、表演幼儿歌

（一）表演幼儿歌的含义

表演幼儿歌是指在幼儿歌曲的演唱过程中配以简单、形象的动作姿态和表情，以加强表达歌曲的内容和音乐形象。歌曲表演能把幼儿的听觉、视觉、动觉等器官充分调动起来，把无形的声音和有形的体态紧密结合起来，更好地表达对歌曲的感受。歌曲表演是幼儿园最常见的舞蹈形式之一，它也是一种初级的舞蹈表现形式。

（二）表演幼儿歌的特征

1. 注重表演以歌为主，动作为辅

要想完成质量好的歌曲表演，首先要让幼儿做到"歌舞并茂"。歌，指的是演唱歌曲；舞，指的是用肢体去表现歌曲内容。那么，在歌曲表演中，歌与舞到底孰重孰轻呢？其实，无论在字面表达上还是在实际教学当中，歌曲表演需以歌为主，动作为辅。在歌曲表演中，首先强调的就是"歌"字，因此在歌曲表演中要更为突出地显示对于歌唱教学的目的与要求；而舞蹈作为实现歌唱教学活动的辅助教学手段，是用来具体地展现歌曲要描述的事物或要表达出的情感内容的。但是，需要注意的是，歌曲表演是在欣赏一个整体、一种情绪，而不是检验两者水平的高低。

2. 注重音乐和动作的鲜明和生动性

幼儿用肢体动作塑造什么样的形象，怎样使塑造的形象生动、鲜明，是幼儿歌曲表演的核心问题。歌曲表演是一项需要丰富想象力和独创性的活动，如果歌曲中的音乐形象突出，不仅便于幼儿用肢体展现歌曲中的内容，还可以帮助他们理解音乐作品的意义。由于幼儿的生活积累、记忆储存、抽象思维能力等方面都不够丰富和完善，所以教师在选择歌曲时，一定注意要有具体鲜明的音乐形象，并符合幼儿的认知水平。另外，形体动作也要简单形象，如果动作过于复杂，往往会造成幼儿的表演负担，同时会给幼儿的演唱带来障碍。只有鲜明的音乐和动作形象，才容易被幼儿接受，也只有理解歌曲的形象，才能激发起幼儿的表演欲，才能用生动的肢体动作来表现歌曲的内容。

3. 注重动作围绕歌曲的主题发展与变化

歌曲表演的动作要"随歌而舞"，它所传递出来的是歌曲的内容和信息。这

些带有具体指向意义的舞蹈动作，需要在特定的歌词内容中才能识别其确切的意义。因此，当歌曲的主题或是歌词内容发生变化时，需要物质材料本身，幼儿的动作也要发生相应的改变。

总之，在幼儿歌曲表演中需要强调的是：歌曲中要有鲜明动作形象的内容，动作中要有鲜明的歌曲内容。

（三）幼儿歌曲表演的教育作用

1. 提高幼儿的音乐基本能力

载歌载舞是幼儿对音乐情感最直接的表达方式，它对幼儿音乐基本能力的发展起着极其重要的作用。音乐的基本能力包括感受力、记忆力、审美力、节奏感、表达力、欣赏力以及唱歌能力等方面。

身体动作是感受音乐的生理基础，因而从某一方面来说，幼儿音乐基本能力的发展水平与他们动作能力的发展水平息息相关。在歌曲表演中，教师可以充分利用歌曲的独特魅力，激发幼儿用肢体表现的欲望，在幼儿用身体的动觉感知力与音乐的具体形象对话时，体验了音乐的情绪，表达了音乐的情感。

2. 辅助幼儿理解音乐作品

歌曲作为一个特殊的审美对象，它是抽象化的，既看不见，也摸不着。幼儿对于音乐作品的理解只能停留在个人生活体验和知识积累的基础上。歌曲表演可以使幼儿用具体形象的肢体动作与歌曲相融合，以帮助幼儿体验歌曲内容，加深对歌曲内容的理解。

要让幼儿进行情感表现，首先要帮助幼儿理解歌曲内容。由于知识和体验的相对匮乏和思维的直观性特点，幼儿对音乐作品所表现的内容、含义，理解起来有一定的困难，因此，在歌唱中进行舞蹈表演，既满足幼儿思维形象化的要求，也降低了他们对教学活动所产生的不确定性的焦虑感和紧张感，为他们的学习带来更大的欢乐。

3. 引导幼儿表达情绪情感

幼儿情绪情感的发展与认知的发展密切联系，它们之间的相互作用表现在幼儿的情绪情感随着认知发生变化，而情绪情感又对幼儿认知能力的发展有唤起、促进或抑制的作用。

在歌曲表演中，歌曲是通过歌词内容和乐曲旋律来传情达意的，要想让幼儿感受到歌曲的美感和所蕴含的情感内涵，就可以通过歌曲表演这种形式，让幼儿把歌曲内在的情绪转化为外在的形象进行表现。当幼儿将富有感情的歌唱表演配合着形象生动的肢体动作一同展现时，他们的情绪情感表现会更加深刻、生动。

四、表演舞

表演舞是幼儿园舞蹈教学中一种特有的学习方式，也是幼儿的一种实践活动。在表演舞的过程中，一方面培养和提高了幼儿表演者的表演能力；另一方面，也能让幼儿欣赏者身临其境，更好地理解舞蹈作品的思想内容，使其审美能力得到锻炼和提高。

（一）表演舞的含义

幼儿表演舞是由部分幼儿表演的、供广大幼儿欣赏的提高性幼儿舞蹈。它是通过寻求和抓住幼儿的思想感情最集中、最凝练、最动人、最优美之处进行加工、创造，从而提炼出来的舞蹈形象。表演舞在精美的舞蹈艺术构思中把深厚的感情、生动的形象、丰富的想象统一和融合起来，促使塑造的形象舞蹈化以唤起幼儿的心灵美感。表演舞是一种高级的幼儿舞蹈艺术形式。

（二）幼儿表演舞的特征

1. 注重题材表现的宽泛性

题材是构成艺术作品的原材料，幼儿表演舞的题材通常是指那些经过集中、取舍、提炼而进入作品的生活事件或生活现象。它一般由人物、环境、情节这三个要素组成。

幼儿表演舞创作的题材选择较为宽泛，内容可以是表现幼儿生活情趣的、刻画幼儿典型瞬间动态的、描绘人与自然和谐相处的，还可以是弘扬时代精神以及传统文化的，等等。表演舞的题材虽然宽泛，但一定不能忽视幼儿的生活与情感，因为这才是幼儿最有切身体会、最容易产生情感共鸣的基础。

2. 注重舞台的艺术氛围

表演舞需要表演者掌握好舞台造型和表演能力，并结合音乐、舞美、服装、灯光和队形的变化等艺术氛围，将舞蹈丰富多彩的构思内容形象生动地表现出来，让幼儿领略表演的意蕴。

表演舞是供幼儿表演及欣赏的，其审美要符合幼儿的心理发展特征。心理学研究表明，人的视觉注视某一对象时，若对象两分钟左右无变化，便会产生视觉疲劳与视觉烦躁，这个特点对于幼儿来说尤为突出。因此，需要对表演舞的舞蹈队形、构图等做出及时的变化和调整，这样不仅可以使舞蹈的形象更加活跃、更具表现力，也可以让幼儿一直保持视觉的兴奋状态。另外，表演舞需要较强的观赏性，服装、道具、灯光等的合理运用，一方面能很好地表达舞蹈作品的内容，另一方面也能给幼儿带来感官上的刺激，引起他们的欣赏兴趣。

3. 注重突出舞蹈的表演性

舞蹈艺术的本体特点决定了其与表演之间密不可分的关系。表演舞包括舞蹈的"表"和"演"两层意思。"表"即情感情绪之表达，"演"则是用肢体动作展现其人其事。表演者在舞台上表现出来的"喜、怒、哀、乐"之情，会使幼儿在欣赏中体会和感受细腻的情感、深刻的思想、鲜明的性格，以及人与自然、人与社会、人与人之间的联系等。当这些因素使幼儿产生共鸣，使他们的想象力最为活跃的时候，则表现出了与"情"共舞。正是基于表演舞的这些特点和要求，才构成了表演舞"表演性"的基础，而且也正是这种"表演性"构成了表演舞区别于其他舞蹈形式的根本特征。可以说，"表演性"之于表演舞来说，是不可或缺的特性。

（三） 幼儿表演舞的教育作用

1．引导幼儿在成功中体会快乐

成功是什么？成功是"自己满意，别人认同"。放在表演舞中，就是参与表演的幼儿对自己的表现满意，欣赏者也对表演者的行为持赞许的态度。

幼儿舞的表现能力是在大胆表现的过程中逐渐发展起来的，幼儿学习和表演舞蹈的过程是他们自主地表达自己的情感和表现自己的快乐的重要方式。幼儿要克服害羞、胆怯的心理在众人面前进行舞蹈表演，这种表现是需要勇气和自信心的，也是非常值得肯定和赞扬的。在舞蹈活动中，幼儿从依赖性的学习到独立、自主、快乐的表演，是一个逐渐提高并完善自我的过程。当他们站在舞台上，享受鲜花和掌声的时候，也会让幼儿体验到成功的快乐，为他们带来极大的心理满足感。

2．发掘幼儿的表演才能

舞台在幼儿的眼中既是新鲜的，又是陌生的，而在以表演和欣赏为目的的这个特定的情境中，幼儿能准确地运用肢体动作、表情等去表现舞蹈作品的形象和情绪，必定能很好地培养他们的表演能力。

在表演舞中，幼儿感兴趣和关注的问题不仅仅是角色的塑造及故事情节的表现和发展，还会关注自身的表演是否成功，并期望自身的表演得到认可。在这种兴趣和关注下，他们愿意投入更多的精力使舞蹈"表演得更好"。当然，要想达到这个目的，幼儿就不仅要保证自己舞蹈动作的技术性，还要保证舞蹈动作的情感性。让幼儿学习运用动作、表情、情绪情感等综合能力和手段，整体性地去表现角色的形象，对发展幼儿的表演才能有重要的作用。

3．激发幼儿的积极情感

表演舞不仅是幼儿自我表达情感和与人交流的一种重要的活动形式，也是培养幼儿积极的情感和获得审美体验的重要途径。在表演舞中，幼儿或是通过自身的参与、大胆的表现，加强对舞蹈作品的理解和感受；或是作为欣赏者，借助于视觉、听觉等多种感觉通道的统合活动，用具体、生动的形象来体会所表演对象的思想内容，了解舞蹈作品的主题思想、人物之间的关系。无论是哪种形式的参与，都会让幼儿产生一种愉快的情绪体验，有利于培养幼儿美好的心灵和积极的情感。

（四）幼儿表演舞的形式

1．情节表演舞

一般指叙事性的幼儿舞蹈体裁，其主要艺术特征是通过故事情节或事件的发展过程来塑造舞蹈的人物形象、表现作品的主题内容。

在幼儿表演舞中，情节类的舞蹈一般都依据一定的文学蓝本，如童话、寓言故事等创作，这样可以使幼儿更容易理解舞蹈所述之事。在情节舞蹈中，要求舞蹈动作具有鲜明的性格特征，并且不游离叙事的需要，其丰富的内涵更易引起幼儿的反响。

2．情绪表演舞

情绪舞又称抒情性舞蹈，是以抒发幼儿的情感为主要任务的舞蹈形式。它没有复杂的故事情节，也没有特定的人物关系，其主要艺术特征是在特定的音乐环境中，用典型的舞蹈语汇、丰富的画面构图和流畅的舞台调度等相关因素抒发幼儿的思想感情、展现舞蹈的主题。如以表现某种特定情感为基础的情绪舞，可以表达和体现幼儿的悲伤之情、快乐之情、喜悦之情、优美恬静之情等。

一般来说，幼儿表演舞中的情绪舞在表现手法上注重写意，舞段比较完整和流畅，群舞动作强调整齐划一。另外，它只适合表现单一的情绪，过多的情感变化无法在舞蹈中充分表现。

五、音乐游戏

音乐游戏是一种比较特殊的舞蹈教育活动，其特殊性主要表现在音乐与游戏的相互关系上。它将音乐的艺术性和舞蹈的技能性统一起来，让幼儿在听听、唱唱、动动、玩玩中掌握一定的知识和技能。轻松愉快的情绪，可以让幼儿主动地用身体去学习和探索音乐，在感受到音乐的美好的同时也体验到与同伴一起游戏的快乐。

（一） 幼儿音乐游戏的含义

音乐游戏是以发展幼儿音乐能力为主要教育目的的活动，一般是指幼儿在音乐伴奏或歌曲伴唱下，按音乐要求和一定规则进行各种动作的游戏。

在音乐游戏中，音乐和游戏是相互促进、相辅相成的。音乐指挥、促进和制约着游戏中的肢体动作，而游戏中的肢体动作又能帮助幼儿更具体、形象地感受和理解音乐，获得一定的情绪情感体验。音乐游戏是深受幼儿喜欢的一种舞蹈教学活动。

（二） 幼儿音乐游戏的特征

1. 游戏富含音乐性

音乐是音乐游戏的灵魂，贯穿了音乐游戏教学活动的始终。在音乐游戏中，幼儿感受着音乐的流动、旋律的起伏、节奏、音色、速度的变化，并根据音乐的变化做出相应的动作反应。只有伴随着音乐的肢体动作，才能更好地激发幼儿的情感，加深幼儿对音乐游戏内容的理解。

幼儿从听见音乐到感受音乐，从用身体表现音乐到发展音乐……整个教学活动都是以音乐为轴心进行发展和变化的。一个好的音乐游戏活动，是音乐和舞蹈共同演绎的。音乐不仅能调节和带动教学氛围，还能激发幼儿的创作灵感。因此，可以说，音乐性是音乐游戏活动最重要的特点。

2. 音乐富含游戏性

游戏性是音乐游戏活动的主要特征。音乐游戏是将音乐中的舞蹈教学和游戏有机地结合在一起，通过游戏化和类似游戏的教学形式，让幼儿在舞蹈教学活动中体验到和"玩"一样的感觉，从而自觉自愿地、快乐地投身于学习之中。音乐游戏可以让以前偶然的、支离破碎的游戏变得目标清晰起来。

强调音乐游戏活动的游戏性，是因为它不仅可以引发幼儿的学习兴趣，让他们感受到快乐和获得成功体验，还可以提升幼儿对音乐的理解能力和表达能力。

3．游戏活动具有灵活性

音乐游戏教学的任务不应是侧重于音乐和舞蹈的技能方面，而是要侧重于音乐游戏所能带给他们的快乐。因此，为了给幼儿提供更自主的游戏空间，提高其参与活动的积极性，就需要音乐游戏活动具有灵活性。其一，组织形式的灵活性。在音乐游戏中，集体活动、小组活动、个体活动、自由结伴活动等各种形式都可以运用，而幼儿也可以拥有更多的、灵活自主选择的机会，如选择合适的合作伙伴、选择表演作品的方式等。其二，教学内容的灵活性。教师可以根据游戏的发展需要增加或减少原本固定的学习内容。在游戏中，教师可以给幼儿不断提供新的刺激，引导幼儿进行独立思考、大胆探索，在激发幼儿对未知因素的探究兴趣的同时，也使幼儿创造性思维的幼芽得以发展。

（三）幼儿音乐游戏的教育作用

1．辅助幼儿感受音乐意境

音乐游戏具备了将音乐听觉表象付诸行动之中的功能，它让幼儿从音乐中来，到音乐中去，再回到音乐中来，最终达到音乐游戏于教育的目的。

由于音乐游戏具有让幼儿在学中游戏、游戏中感知的特点，因此，它的学习过程也是幼儿对乐曲自主探索、整体感知的过程。音乐游戏活动中的音乐歌曲包含了形象生动的歌词与优美动听的旋律，特别为幼儿所喜欢和接受。而通过自己的感受、体验与想象，更容易加深对乐曲深远意境的理解，与音乐产生共鸣。这种幼儿对音乐的感受是任何语言都无法教授的。

2．帮助幼儿实现主体性发展

作为一个独立的个体，幼儿是有差异的，他们愿意以自己喜欢的方式去表达思想和情感。针对幼儿的个体差异、内在需要、兴趣爱好以及潜在的发展可能性，应该给予幼儿自我发展的机会。而音乐游戏这种教学活动形式，恰恰重视的就是幼儿的表现力和创造性。它鼓励幼儿自由地、大胆地表达自己的想象、情感和思想，让幼儿用积极投入的学习态度，将他们最初级、最原始、最基本的自我创作带入音乐体验中。在游戏这个轻松愉快的教学环境中，幼儿真正成为学习活动的主体，成为活动的积极参与者和创造者。

3．有助于幼儿合作能力和交往能力的发展

音乐游戏是有一定的游戏规则的，它包括行为规则和程序规则。如果幼儿想顺利地参与音乐游戏，就必须遵守游戏规则。音乐游戏一般是集体性游戏，随着活动的开展，幼儿必须先找到游戏的伙伴，以角色身份进行交往。于是，幼儿之间的合作交往就产生了，而合作与交往能力恰恰是幼儿社会化的一个重要的方面。在音乐游戏中，如果幼儿能协商合作好，那么游戏就进行得顺利，反之则不然。这种合作与交往强化了游戏的刺激感，也为幼儿提供了交往的经验和内容。可以说，在音乐游戏中，交往的对象、环境、目的、内容都为幼儿发展交往能力提供了有利的条件。

六、幼儿即兴舞蹈

幼儿即兴舞是以幼儿为中心，以启发和创造幼儿的思维、表现能力为主要教学目的的一种舞蹈教学形式。幼儿在倾听音乐的过程中，通过对音乐节奏、旋律及所蕴含的情感特征的感受，迅速地确定某一舞蹈主题，并用肢体动作表现出来。而幼儿与即兴舞蹈最为直接的联系就表现在，即兴起舞是幼儿的一种普遍行为，并且即兴舞蹈与幼儿的身心特点相适应，更有利于幼儿的身心发展。

（一） 幼儿即兴舞的含义

幼儿即兴舞是指幼儿掌握了一定数量的舞蹈基本动作和初步具备对音乐的感受能力后，在幼儿歌曲或音乐形象鲜明的乐曲伴奏下，根据自己对音乐的理解和感受即兴表演的舞蹈。

由于即兴舞是一种不受时间、空间、主题、意义等限制的自由舞蹈，它的结

构和构思完全在流动的舞蹈动作中完成。因此，需要幼儿在探索中完成动作的发展变化，使舞蹈动作向和谐方向发展。

（二）　幼儿即兴舞的特征

1．注重舞蹈的即时性

即兴舞从发生的时间来说，具有"即时性"的特征。而"即时性"正是即兴舞蹈最重要的特征，也是与其他舞蹈形式区别开来的首要条件。"即时性"特征的存在体现在两个方面：其一，它没有经过预先的准备，是因为瞬间的某种内心感受而即时产生的一种肢体表现，透露的是幼儿在当时境遇下对身体和思想做出的即时而果断的判断；其二，也正是由于没有准备，幼儿的肢体动作只能依靠身体的本能反应来完成，可能会表现出毫无章法可言的无序动作。

在即兴舞中，幼儿只是单纯地感受到音乐，便通过快速的肢体动作将内心的感受积极地展现出来，它可以全面地反映幼儿当时的身体反应能力和思维能力。

2．注重舞蹈的创造性

即兴舞从发生的过程来说，具有"创造性"的特征。一般的舞蹈教学过程是由教师把事先经过构思、收集素材、加工提炼以及反复修改后的舞蹈作品教授给幼儿，再由幼儿直接表演完成；而即兴舞则不需要这一过程，它需要运用幼儿的"创造性"思维，并使这一思维活动贯穿在舞蹈过程的始终。这种创造性的思维活动，幼儿往往是在无意识的状态下进行的，在舞蹈中时常会有超越常规的闪光点动作出现。这种闪光点在教师的把握与指点下，可以成为舞蹈的主导动机，在此基础上让幼儿尽情地发挥。

在即兴舞中，幼儿会对已有的知识和信息进行解构与重构，再经过瞬间的创造，产生新的动作、新的舞蹈。因此，可以说即兴舞就是追求一种创新的活动，它所强调的是幼儿在瞬间调动自己全部的知识、经验来进行创造性思维活动。

3．注重舞蹈的个性化

即兴舞从发生的结果上看，具有"个性化"的特征。在即兴舞蹈的过程中，每个幼儿的身体运动能力、爱好、气质皆不同，其原有的心理状态以及当下即兴的心理活动也都不尽相同。也正因如此，其所呈现的即兴舞蹈也会不同。舞蹈理论家刘青弋曾经说过，"在没有经过理性思考情况下形成的身体动态，在下意识的行为中，将个人最有特性的身体样式呈现出来，即兴带出了个体的人的最典型的空间样式，使一人区别于他人，亦使艺术成为最不能被仿制的精神产品"。[①]幼儿即兴舞的价值之一便是由其"个性化"所体现的，即每一个即兴舞蹈作品都是一个不可模仿的作品，具有不可替代性。

（三）幼儿即兴舞的教育作用

1．体会舞蹈美感

即兴舞是出自幼儿一种本能的、原始的舞蹈，也是最能表达他们自然感情的舞蹈。从这样的角度让幼儿来认识肢体语言，可以让他们感受到舞蹈是鲜活的、有生命力的。例如在即兴舞的过程中，有的幼儿听到音乐后会立刻产生联想，搜寻生活中的人或物，并把它迁移到舞蹈中；有的幼儿则需要短暂思考，对表达的事物有了确定的影像后才开始用肢体进行表现；还有的幼儿可能暂时没有灵感，需要参照其他幼儿的表现才能有所动作。总之，无论是哪种形式引发的即兴舞表现，都是幼儿用心灵进行创作和表演的，表现的是真实的自我。这些由幼儿有感而发而形成的动作新颖、感情真挚的舞蹈摆脱了各种舞蹈框架的束缚，使幼儿的自我个性得到了张扬和释放，也使幼儿感受到舞蹈美感。

2．合作学习中体验乐趣

苏联著名教育家维果茨基认为，合作学习是幼儿学习的重要手段，能促进幼儿在最近发展区的长足进步。《幼儿园教育指导纲要（试行）》中也指出："为幼

[①]刘青弋. 现代舞蹈的身体语言[M]. 上海：上海音乐出版社，2004.

儿创设展示自己作品的条件，指引幼儿相互交流，相互欣赏，共同提高。"而现在的幼儿在活动中往往更注重自我创造、自我赏识和自我满足，他们缺少与伙伴合作、交流、欣赏、分享成功与快乐的体验。

即兴舞的过程是一个创作的过程，也是一个与自己、他人或者他物合作的过程。这个创作过程和合作过程有可能会遇到挫折，这时就要想办法去解决。当幼儿依靠自己的能力化解了所有问题和矛盾时，一定会从心里感受到积极情绪体验的乐趣。另外，在合作的过程中，幼儿相互欣赏同伴的动作，还可以启发自己的思维，增进彼此间的情感交流，感受到团队协作的快乐。

3．发展幼儿的创造思维能力

皮亚杰在理论中提出了幼儿主体在教育中的作用，他认为幼儿的教育必须是一个启发幼儿主动学习的过程。幼儿通过自己的活动，不断建构自身的智力的基本概念和思维形式。于是，我们可以通过即兴舞这一教学活动让幼儿自己去尝试、发现、体验、创造。

即兴舞表演不仅是一种能够将幼儿的知识经验、思维材料引起变化、更新、改组的综合性学习，还是一种学习主体在学习活动中思考问题的操作过程。它给幼儿的创造性留出充分发展的余地和更多的独立解决问题的机会。

在传统的幼儿舞蹈活动中，教学形式似乎更看重舞蹈技能的展现，而即兴舞则不然，它关注的是思维带动下的身体运动方式，追求通过各种方法让思维得到启发，以此激发身体的创造力。在做即兴舞时，幼儿所表现出来的动作是由自身的愿望所引起的，必然与其他幼儿不一样，而正是这种不一样，让幼儿在主体性的体验中获得了创造性的发展。因此，通过即兴舞的教学，幼儿的思维必是灵活而富有创造力的，并且创造精神也会在他们的心里生根发芽。

七、民族民间舞

作为蕴涵了民族文化背景、风土人情、生活习惯、民族精神等丰富内容而最终表现为与浓郁的民族音乐旋律相和谐的民族民间舞，有着极具观赏性的艺术内涵，它既能满足孩子们对民族文化的了解和认知，又能满足孩子们的审美需求。民族民间舞是幼儿园舞蹈教学中不可缺少的教学形式。

（一） 民族民间舞的含义

民间舞蹈是在人民群众中广泛流传，具有鲜明的民族风格和地方特色的传统舞蹈形式。作为一种文化现象，民族民间舞历来被视为"民族文化的灵魂"。幼儿民族民间舞除具备上述形式特征外，还以其舞蹈中活泼的音乐曲调、鲜明的节奏、欢快的情绪、新颖多样的体裁等特点，让幼儿感受到民族文化的多样性和差异性，让他们在得到美的熏陶和情感体验的同时，又获得了对多元文化的认识。

（二） 幼儿民族民间舞的特征

1. 舞蹈风格具有稳定性

日本舞蹈家石井漠曾经说过这样的话："舞蹈和其他艺术一样，决定其本质的是风格。"所谓风格，是指一个时代、一个民族、一个流派或一个人的文艺作品所表现的主要思想特点和艺术观点。民族民间舞的形成因受地域、自然环境、社会结构以及风俗习惯的影响，具有鲜明的民族风格特点和地域色彩。例如，山东的"胶州秧歌"这种具有独特风格的民间舞蹈，就体现了齐鲁文化的特征。它的舞蹈动作特点是抻、韧、碾、拧、扭，体现了山东人民憨直、洒脱、刚劲、坚韧、大方、泼辣等性格特征。可以说，风格的一贯性、稳定性是民族民间舞表现的特质，是民族民间舞的精髓。

幼儿民族民间舞应该结合这些特点及幼儿生活经验，将舞蹈动作转变为幼儿的舞蹈语言，让幼儿在快乐中学到知识，得到艺术美的享受。

2. 舞蹈文化具有传承性

民族传统文化是一个民族世世代代积累的文明成果，是一个民族不断发展的源泉。民族民间舞作为民间文化的载体，其经久不衰的奥妙就在于保存了人类文化生存和发展的基质。它利用其特有的身体形态语言，将积淀着一个民族特有的、个性的、不能被取代的传统观念和文化因素表现与传承下来。中国的民族民间舞作为中国浩瀚文化中一种绚丽艺术的存在，传承了中国几千年来的文化底蕴，也促进了人类艺术文明的发展。它的舞蹈程序、场面调度、队形图案、伴奏音乐以及服饰服装道具等都体现着中国的民族历史、宗教、伦理、社会乃至语言等文化因素。民族民间舞蹈文化的传承，其实质是中国文化精神与民族审美心理的传承。

利用幼儿民族民间舞这种教学形式实现对民族传统文化的传承，有利于促进幼儿对民族文化的理解，也有利用于促进幼儿形成民族认同感和内聚感。

3. 舞蹈形式具有多样性

中国是一个拥有五十六个民族的多民族国家，几乎每一个民族都会有自己独具特色的民族民间舞蹈。由于各民族有其特有的地方特点和风俗习惯，因此也就形成了种类繁多的舞蹈表现形式。这些舞蹈形式包括了多种用途和风格，如有些舞蹈是专用于祭奠等风俗习惯，有些则表现了各族人民淳朴的生活劳动实践，还有的则是对节日的庆祝等。不同形态的舞蹈反映了各个民族不同的历史生活、民族性格和艺术情趣。

形式多样的民族民间舞蹈的学习，把幼儿的舞蹈技能性和知识性有机地结合起来。这种不仅停留在肢体语言表达，还注重了解文化背景的拓展学习，拓宽了幼儿的视野，全面提升了他们的文化素质。

（三）幼儿民族民间舞的教育作用

1. 引导幼儿感受丰富多彩的民族文化

《幼儿园教育指导纲要（试行）》指出："适当向幼儿介绍我国各民族和世界其他国家、民族的文化，使其感知人类文化的多样性和差异性。"匈牙利作曲家、音乐家柯达伊认为："民族文化是民族精神最完美的表现，教育的目标就是使它们尽快地为全民所占有。"

在学习民族民间舞的过程中，孩子们不单单是随着音乐舞动，还会接触到这些舞蹈背后蕴涵着的各民族的音乐、服饰、风俗、传说等。例如在傣族民间舞的教学中，在学习舞蹈技能的同时，幼儿还认识了傣族人民服装的样式，懂得傣族人民视孔雀为吉祥的象征，身体的"三道弯"造型为其舞蹈动作的主要特征等生活常识。

舞蹈作为一种文化，是一个民族、一个国家或地区文化发展的外在表现。民族民间舞的学习，不仅让幼儿享受到愉悦的舞蹈过程，也让他们感受到民族文化的丰富和博大。

2. 传承民族精神

没有一门艺术，可以像民族舞和民间舞一样，能够最直接、最生动、最富感染力、最直观地表现该民族人民的性格、气概、气质、生活方式、本质精神、物质文化、生存状态乃至宗教信仰等。民族民间舞作为文化积淀的一种手段，是在一种群体化的自我审美中来完成对民族文化与精神的传承的。而民族民间舞能流传至今，也足以证明其强大的生命力。

独具特色的民族舞蹈语言，传递的是一种勇敢、坚韧、美的精神。通过开展民族民间舞的教学活动，让幼儿学会尊重和欣赏其他民族文化，不仅培养了孩子的民族情结，潜移默化地让中华文明在幼儿身上生根与传承，也增强了他们热爱祖国的美好情感。

3. 提高幼儿的审美能力

在幼儿园开设民族民间舞活动课程，能够在两种气质上深刻地影响幼儿。一是民族气质。当幼儿在学习某种具体民族民间舞蹈时，不仅了解到这一民族文化的典型特征，也受到其民族文化的熏陶。例如学习蒙古族舞，让幼儿着重体会其中豪迈的气概；学习朝鲜族舞，体会其中含蓄内敛的神韵；学习维吾尔族舞，体会其中乐观幽默的态度。当幼儿能真正体验到该舞种的民族风格时，他们也就更容易学习这种舞蹈。二是自身气质。在学习过程中指引幼儿形成正确的审美观，并在表演中加强自信心，学会积极地表现自己。另外，民族民间舞包含的内容广泛，表现的形式丰富多样，其特有的民族服饰和道具的穿着与运用，也激发了幼儿的学习兴趣与表现欲望。

　　通过民族民间舞的教学，激发幼儿美的情绪、情感，在理解和表现作品的基础上产生审美意识，丰富审美构想。这对他们美感经验的丰富、初步审美能力的形成起着十分重要的作用。

　　幼儿舞蹈教育活动的主要形式包括律动、集体舞、歌曲表演、表演舞、音乐游戏、即兴舞和民族民间舞等。各种舞蹈教学活动形式又因其不同的定义、特点及分类方式，展现出独特的教学魅力和教育意义。如律动的特点为强调表达音乐的基本元素、动作的单一性和重复性以及动作的目的性，其教育意义在于培养幼儿的音乐感受力、音乐表现力和音乐创造力。集体舞的特点在于强调幼儿的集体行为、动作的简单性和重复性以及有规律的变换队形，其教育意义在于促进幼儿合作交往能力的发展以及发展幼儿的时间和空间知觉感知力以及建立并培养幼儿的规则意识。歌曲表演的特点，一是强调表演以歌为主、动作为辅，二是音乐和动作形象的鲜明性、生动性，三是动作围绕歌曲的主题发展变化，其教育意义在于发展幼儿的音乐基本能力，加深幼儿对音乐作品的理解以及激发幼儿的情绪情感表现。表演舞的特点是强调题材表现的宽泛性、舞台的艺术氛围和突出舞蹈的表演性，其教育意义在于让幼儿体验成功的快乐、发展表演才能、培养积极的情感。音乐游戏具有强调游戏中的音乐性、音乐中的游戏性和教学中的灵活性的特点，其教育意义在于帮助幼儿感受音乐意境、促进幼儿的主体性发展、促进幼儿合作和交往能力的发展。即兴舞的特点为强调舞蹈的即时性、创造性和个性化，其教育意义在于感受身心和谐之下的舞蹈美感，让幼儿体验合作学习的乐趣，促进幼儿创造性思维能力的发展。民族民间舞的特点为强调舞蹈风格的稳定性、舞蹈文化的传承性、舞蹈形式的多样性，其教育意义在于增强幼儿对民族文化的认识，引导他们树立与传承民族文化精神，培养他们的审美素养。

第四章　幼儿舞蹈基础训练与技能训练

幼儿舞蹈基础训练是对幼儿身体基本能力的最基础训练。本章首先论述了幼儿舞蹈的基本动作，然后针对形体姿态训练与身法韵律训练进行了解析，最后对幼儿舞蹈的技能训练进行了分析，多维度地对幼儿舞蹈基础训练与技能训练进行了论述。

第一节　幼儿舞蹈的基本动作

一、幼儿舞蹈手位训练

（1）叉腰位：虎口叉于腰旁，四指在前、拇指在后。

（2）背手：双臂成圆弧形背于身后骶骨的位置，手心朝上。

（3）上位：双手直臂上举，两臂间距与肩同宽。

（4）前平位：双手直臂与肩平。伸直于正前方，两臂间距与肩同宽。

（5）下位：双手直臂垂于腿两侧，两臂间距与肩同宽。

（6）斜上位：双手直臂于额头前方。

（7）斜下位：双手直臂于前斜下方。两臂间距与肩同宽。

（8）旁平位：双手直臂于身体两侧，高与肩平。

（9）旁斜上位：双手直臂于身体两侧斜上方的位置。

（10）旁斜下位：双手直臂于身体两侧斜下方的位置。

二、幼儿舞蹈步位训练

（1）正步位：两脚自然靠拢，脚尖朝前。

（2）小八字位：两脚脚跟靠拢，脚尖分开，朝2、8点方向。

（3）丁字步：（以右脚为例）右脚跟靠拢左脚窝，脚尖分别朝2、8点方向。

（4）踏步：（以右脚为例）左腿在前，全脚掌着地，右腿在左腿的脚跟处，前脚掌着地。

（5）虚步位：在丁字步的基础上，以一腿为主力腿，另一腿脚尖点地。

（6）弓箭步：一腿屈膝半蹲，膝盖外开，另一腿直膝向旁，脚尖点地。

三、幼儿基本舞步训练

（一）走步类

（1）走步：正步小八字步准备，走步时手臂自然摆动。

（2）平踏步：正步准备，左右腿交替提膝，每步落地时全脚掌着地，踏地有声。

（3）小碎步：正步位踮脚准备，用脚掌着地交替快速移动。

（4）钟摆步：正步位准备。第一拍左脚原地踩一步，同时右脚向旁离地滑出去，身体左倾；第二拍右脚原地踩一步，同时左脚向旁离地滑出去，身体右倾。

（5）踵趾步：在幼儿舞中被广泛应用，先右脚跟向顺方向点地，同时左腿略屈膝，上体略右倾，脸向左前方，再使右脚尖向右后方点地，同时左腿直立，上体略左前倾。此种动作可两脚交替进行，也可与其他动作连用。

（6）娃娃步：两脚交替屈膝向两旁踢出，脚心向上，脚踢起时向外撇，双膝尽量靠拢。双手可以五指张开并随身体自然摆动，也可一只手臂侧屈肘于胸前，一只手臂侧平举。

（7）进退步：右脚向前踏地，屈膝移重心，左脚离地屈膝，原地踏步，右脚前脚掌向后踏地，继续反复动作。

（8）踮步：脚前掌在另一脚旁或脚后跟处踮地，另一脚随之离地，提高身体重心，反复动作，也可两脚交替动作。

（9）点步：主力腿膝关节随音乐节拍原地屈伸或向任意方向上步。同时，动力腿用脚掌，脚尖、脚跟随音乐节拍向不同方向点地，点步动作分为标点步、前点步、旁点步、斜方向点步、后点步、跟点步、交叉跟点步、跳点步等。点步可一拍一点，也可两拍一点，或一拍两点。

（10）交替步：双手叉腰，左脚向前迈一步，身体重心移到左脚，再右脚越过左脚旁踏地，身体重心移到右脚，同时左脚离地，接着左脚再向前迈--小步，重心移到左脚。右脚开始，动作相同，方向相反。

（二） 跑跳类

（1）小跑步：按音乐节奏跑步，左脚向前小跑一步，同时右脚离地；右脚向前小跑一步，同时左脚离地，动作要有节奏地交替进行。小跑步时，幼儿之间可拉手小跑，也可独自叉腰或做其他动作小跑。小跑步多用于活泼、欢乐的舞蹈中。

（2）蹦跳步：双脚正步并拢，一拍一次前脚掌着地跳跃，起跳前，双膝略微弯曲，落地时，单脚着地，跳跃要轻盈富有弹性。蹦跳形式有双起双落、单起双落、双起单落，蹦跳方向为前、后、左、右、斜前方、斜后方等。

（3）后踢步：双手叉腰，正步站立，两脚绷脚交替均匀后踢小腿，身体稍向前倾。

（4）踵趾跳跃步：先是左脚原地跳一下，同时右脚尖伸向6点点地；然后左脚原地跳一下，同时右脚脚跟着地伸向2点；接着左脚原地跳一下，同时右腿稍屈膝越左脚前，脚尖点地向7点；左脚继续原地跳一下，同时右脚直腿向2点踢出。此动作可反复进行，也可交替进行。

（5）踏跳步：踏跳步也可称为吸腿高跳步。动作时，一脚原地踏跳，同时左腿向前吸起，脚尖向下，膝盖向前，然后左脚落地踏跳，同时收右腿。

（6）踏踢步：踏踢步同踏跳步一样，不同的是高吸腿为踢腿。踢腿方向可根据需要变化，踢腿高度一般不低于45°。训练时可配合一些手臂动作，如手叉腰、两臂随身自然摆动、相互手牵手等。

（7）滑步：双腿屈膝，左脚前脚掌向左擦地迈出一步，同时双膝直，身体重心移至左侧。然后，右脚前脚掌擦地滑至左脚旁，同时双屈膝，向反方向。

（8）大八字踢步：在大八字步的基础上，两脚交替向2、8点勾脚踢出。上身分别向踢出的方向倾斜。

（9）铃铛步：双手叉腰，两拍一步，第1拍双脚在原地做碎步或急速行进。第2拍，前半拍右脚掌踏地屈膝的同时，左腿伸直向左旁绷脚擦地踢出，身体随之倒向右侧，然后向反方向。在动作左右交替时，像是摇铃铛一摇一摆地进行。

（10）猫跳步：丁字步准备，双膝微弯曲，一脚绷脚由里向前掏，跳出、着地的同时左绷脚，由里向前点地，右屈膝。

（11）前踢步：双手叉腰，正步站立，动作时两脚交替向前绷脚直腿踢起，此动作，可前进做也可后退做。

（12）跑马步：上身稍前倾，一手在胸前，一手扬至头上方，做勒马举手扬鞭状。先左脚迈出，颤膝踮步，再右脚跃过左脚处。颤膝踮步，动作呈跳跃状，像马儿奔驰一般。此种动作在模仿马跑或跳蒙古舞时常用。

（13）错步：左脚掌向前上一步，右脚在左脚内侧或脚跟处踮错一步，同时左脚离地，左脚掌向前迈一步。然后，右脚开始，动作相同，方向相反，左右脚交替起步。

（14）跳踢步：在跑动的同时，双腿小腿交替向后踢至臀部，双脚踢起时绷脚。

提示：在基本舞步的教学过程中，师生可通过舞步的速度、节拍节奏、行走方向、步幅大小、身体重心等方面的变化，对舞步动作进行分解或将舞步重新组合，都将产生新的舞步。为了提高学生的学习兴趣，培养其创造力，在掌握基本舞步后，可进行舞步组合教学，并适当加入队形，也可让学生自己创编组合。

第二节　幼儿园舞蹈的基本动作要领

一、地面基本体态的训练

（1）基本坐姿：坐地，双腿并拢伸直，上身直立，双手置于体侧，指尖点地，绷脚或勾脚。

（2）对脚盘坐：坐地，脚心相对，膝盖旁开尽量贴地，上身直立，双手置于体侧，指尖点地。

（3）交叉盘坐：坐地，小腿交叉，膝盖旁开，上身直立，双手置于体侧，指尖点地。

（4）双腿跪坐：双膝并拢跪地，臀部坐于脚跟上，上身直立。

（5）仰卧：仰面躺地，双腿并拢伸直，绷脚，双手打开至旁平位，手心朝下。

（6）俯卧：身体朝下躺卧，双腿并拢伸直，绷脚，双手伸直至前平位，手心朝下。

二、下肢训练

（1）脚部基本训练：脚型。

① 勾脚：拇指带动其他四指向上回勾到最大限度，脚后跟向前用力蹬出。

② 绷脚：拇指带动其他四指向下压，脚背外凸。

③ 撇脚：在绷脚的基础上，由脚尖带动脚踝向里内翻。

④ 捱脚：在绷脚的基础上，脚尖与脚踝尽量向里外翻。

（2）脚部基本训练：脚的动作

① 外旋：在绷脚的基础上，以脚踝为轴心，经揉、勾、撇至绷。

② 内旋：在绷脚的基础上，以脚踝为轴心，经撇、揉、勾至绷。

（3）腿部训练：压（前、旁、后）腿。

压前腿时，基本坐姿，双手手指交叉于头顶，翻腕手心朝上，上身拉长前俯贴腿；压旁腿时（以右腿为例），左腿盘坐，右腿打开至旁平位，绷脚，上身向右下旁腰；压后腿时，右腿向后伸直，绷脚，脚背朝下，上身向后下腰。

（4）腿部训练：吸伸腿。

以右腿为例，左腿直立，右腿屈膝绷脚，脚尖沿左腿内侧向上吸起后，向前或向后伸直。

（5）腿部训练：踢（前、旁、后）腿。

踢前腿时，仰卧位，上身固定不动，髋关节放松，一腿向上绷脚正向踢起后，急速落下还原；踢旁腿时，侧卧位，一腿向旁绷脚正向踢起后，急速落下还原；踢后腿时，双膝跪地，双手前方撑地，与肩同宽，一腿伸直绷脚向后踢起后，急速落下还原。

（6）腿部训练：搬腿。

以右腿为例，双手握住脚踝向上、旁、后搬起。

（7）腿部训练：控腿。

正步位准备，一脚向上绷脚提起后挺在空中，身体保持直立。

三、头部训练

（1）低头：后侧肌肉伸展，颈部前侧肌肉收缩；后背直立，两肩放平。

（2）抬头：颈部前侧肌肉伸展，后侧肌肉收缩；后背直立，两肩放平。

（3）倾头：颈部一侧肌肉伸展，一侧肌肉收缩；后背直立，两肩放平。

（4）点头：连续做低头的动作。

（5）转头：头部向左或向右做最大限度的转动。

（6）摇头：连续做转头的动作。

（7）晃头：连续做倾头的动作。

第三节　形体姿态训练与身法韵律训练解析

初学舞蹈，科学的形体训练必不可少。优美的舞姿需要有直立感的身体、规范舒展的动作。直立感不同于生活的自然姿态，它需要通过科学的训练才能达到。优美的舞蹈动作的塑造是否成功，取决于身体是否具有松弛的韧带、灵活而富于弹性的关节、较强的肌肉力量与控制力等，这都有赖于长期科学的形体训练。

优美的形体塑造是一个漫长的过程，也是一个由量变到质变的过程，需要有坚强的意志力，不断地去挑战自我，才能取得较好的训练效果。在形体练习过程中，我们要认真学习科学的训练方法，细心领会训练要求，同时注意训练力度和量度，不能盲目地进行高强度练习，避免受伤。

一、形体姿态训练解析

在日常生活中，很多人不重视自己的形体姿态，经常出现身体不正、弓背含胸、端肩缩脖、腿弯身屈等不良的体态。这时，形体训练就显得尤为重要了，通过形体训练可以有效矫正幼师不良的形体姿态，学会用正确的姿势和优美的神态表达情、感，同时给幼儿树立良好的榜样。

人的形象美需要其外在表现和内在修养和谐统一，形体训练通过科学的系统训练塑造了优雅的人体姿态，同时也传播了高雅的艺术精髓，培养了人的内涵修养，使人的精神和形体之美达到统一。

在各类形体训练中，芭蕾形体训练是最常见的舞蹈训练体系。它通过"开、绷、直、立"四大法则，帮助初学者找到身体的直立延伸感，同时拉伸肌肉线条、锻炼韧带的柔韧性，是一套非常科学的训练体系。

下面我们择取芭蕾形体训练中最基本的训练组合，从简入难，循序渐进，通过运用科学的形体训练的方法，达到我们的学习目标。

（一）基本形态训练和头眼方位训练

1. 芭蕾基础训练的四大要素

芭蕾舞语汇的风格特征主要在于腿、胯的动作运用，其方法有"开""绷""直""立"四种。

（1）"开"是指髋关节及肩关节向人体两侧外开。髋关节的打开，舒展了人体的线条，增加了人体下肢的表现能力，最大限度地延长舞者的肢体线条，扩大动作的空间范围，使动作幅度增大，增强动作表现力，从而使动作姿态更加优美；肩关节的外开不仅有利于后背的直挺及收紧，而且能表现舞者高亢的精神和挺拔的气质。

（2）"绷"是指从踝关节开始把力量一直贯入到脚趾，让脚趾去找脚心，使脚面能凸出来，既促使了脚型优美，又增加了脚的表现力。脚背脚趾绷得越紧，腿部膝盖也会越收紧，从而使腿部线条显得更加修长、流畅。

（3）"直"是指身体挺拔直立，不能塌腰凸臀，不能挺胸叠肚，也包括腿在需要直的时候，必须收紧膝盖。一是使人有一种精神倍增、赏心悦目的潇洒和帅气；二是在上身因舞姿造型的需要而出现前倾后仰或左倒右出的动作时，人体的重心仍然严格保持垂直。重心的垂直是人体在直立状态下的必需，唯有这样才能使舞蹈从容不迫、一气呵成。

（4）"立"是指脊柱（后背）要直立挺拔，收腹、立腰、展胸，绝对不能驼背撅臀。演员身体重心的正确与上体姿态的挺拔、舒展，对于形态美极为重要。

2. 芭蕾基础训练的作用

芭蕾基训能锻炼身体的柔软度、力度、开度，促使身体一直保持直立感，给人一种优雅之美。通过头、眼、肢体配合，锻炼协调性，矫正身体的不良姿态。

3．舞台的方位训练

身体的基本方位，一般以练习者自身为基点，站在舞台上，以身体正对观众的方向为正前方，每右转 45°为一个方位，共 8 个方位。每个方位都有固定的名称表示（图 4-1）。

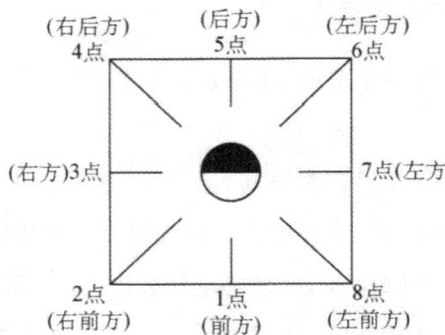

图 4-1　8 个方位点

4．舞蹈的三大要素的训练

舞蹈由"动作、节奏、表情"三大要素构成。在舞蹈中，任何动作都需要有节奏。不同的节奏组成动作舞句，体现不同的情感表达。

无论是用音乐还是用鼓点，舞蹈动作通常以 8 拍为一个时间单位，即以"1—2—3—4—5—6—7—8，2—2—3—4—5—6—7—8"依次顺延。音乐鼓点中，2/4 拍和 3/4 拍最为常见。

5．基本动作训练

（1）低头：身体保持不动，头部最大限度向下探，目视下方。

（2）仰头：身体保持不动，头部最大限度上仰。

（3）倾头：身体保持不动，头部最大限度向左旁或向右旁倾倒，目视身体前方。

（4）扶把：以把杆为辅助，双手或单手轻轻搭在把杆上。经常应用于芭蕾基础训练练习中，帮助大家平衡身体重心。

（5）半立脚尖：两膝盖外开，膝关节对准脚尖方向，向外拉伸。身体直上直下，双肩下压，后背后腰挺直，臀部用力向前顶，使前胯根部的大韧带绷紧。也称踮脚，在身体直立延伸的基础上，抬升脚后跟到最高点，让重心通过脚背传递至大脚趾、二脚趾一侧的脚掌上，让身体变得更加修长、挺拔。立半脚尖时全身要夹紧，不能松懈。立半脚尖是加强脚踝关节力量的一个基础动作。

（6）小蹲：两膝盖外开，膝关节对准脚尖方向，向外拉伸。身体直上直下，双肩下压，后背后腰挺直，臀部用力向前顶，使前胯根部的大韧带绷紧。

6. 内容提升训练

方位和节奏的练习。

（1）训练方法。

① 方位训练（音乐游戏）。

方案一：教师敲鼓，学生跟着节奏即兴动起来，停顿时，随机说出 8 个方位其中一个，让学生面对该方位摆造型。

方案二：教师敲鼓，学生跟着节奏即兴动起来，停顿时，随机说出舞台的几个位置，让学生摆造型。

方案三：教师敲鼓，学生跟着节奏即兴动起来，停顿时，随机说出几人一组，让学生摆造型。

② 节奏训练（音乐游戏）。

方案一：教师拍打 2/4 拍鼓点，从 1 个八拍到 4 个八拍，让学生先用拍手模仿鼓点节奏，然后按鼓点节奏小跳或者跳其他自己创意的动作。

方案二：教师拍打 3/4 拍鼓点，从 1 个八拍到 4 个八拍，让学生先用拍手模仿鼓点节奏，然后按鼓点节奏小跳或者跳其他自己创意设计的动作。

方案三：学生小组创编，合作编创出不同节奏的动作并观摩讨论。

（2）训练目的。

通过寻找方位和仿编鼓点动作的音乐游戏，迅速了解舞蹈方位的基本知识，体验节奏在舞蹈中的重要性。

（3）训练中的动作要领。

　　在游戏过程中，即兴的动作也要配合老师的鼓点，鼓点一落反应要迅速。在节奏游戏中，要求学生仔细听好老师的鼓点示范，以便更好地创编出正确节奏的动作。

　　（4）学习建议。

　　认真观看老师的示范再亲自去尝试，熟悉节奏的过程应当循序渐进，不能急于求成。

　　辅助形体姿态练习：本组练习采用配乐《把上半脚尖练习》。

　　谱例 4-1

　　1=C 3/4 ♩=96 　《把上半脚尖练习》

```
3  -  3 4 | 5  -  2 7 | 1  -  -  | 1  -  1 2 |

1  -  1 5 | 1  2  | 3  4  3  | 1 | 2  -  3 4 |

5  -  2 7 | 2 1  · 7 | 1  -  -  |

1  -  2 3 | 4 3  | 1  6  -  | 1 | 2  -  -  |

2  -  | 3 · 2  3 4 | 5  -  2 7 | 1  -  1 7 |

1  -  1 2 | 1  -  5  | 1 | 2 3 4 5  | 6 |

2  -  3 4 | 5 · 7  | 2 5 7 | 1  · 2 | 1  -  1 7 |

1  -  2 3 | 4 · 6  2 3 | 4 · 6 | 1 7 | 1  -  |
```

　　（1）分解动作。

　　准备动作：

　　面对把杆，目视前方，头对 1 点方向，大八字位站立，双手自然下垂，音乐起时两手轻轻搭于把杆上。

　　① 1—4 拍提气，身体向上延伸，半脚尖立。

　　5-8 拍沉气，身体回落到原点。

② 1—4 拍沉气，半蹲。

5—8 拍提气，起回原点。

③ 重复①的动作，两拍一动，做 4 次。

④ 重复①的动作，两拍一动，做 4 次。

（2）训练目的。

单一的扶把练习，能帮助找准身体重心，养成提气收腹的习惯，让形体变得挺拔有力。

（3）训练动作要领。

① 双手扶把，两手轻搭把杆。注意把杆只是用来辅助保持身体平衡的，不能拉拽把杆，重心要在两只脚掌上，切不能向里倒脚。

② 立半脚尖时，尽量立在最高点，立的时候要轻快用力。落下时要沉稳有控制。在反复练习时，一定要落到脚后跟着地才能进行下一个立半脚尖。

③ 蹲是一个非常重要的训练项目，要注意胯、腿、脚部都外开，身体挺直，如同背靠墙壁一样直上直下，在下蹲和直立的过程中，要有一种对抗力，向上回正时大腿的内侧肌应向内夹紧。

④ 时刻记住"开、绷、直、立"，两膝盖夹紧外开，大腿内侧外旋，收臀收腹，丹田提气一直往上延伸到头顶，两肩下沉。

⑤ 节奏明确，慢时动作要灌满整个节奏，快时要干脆利落。

（4）学习建议。

组合动作的教学，主要采用老师示范讲解和学生模仿练习相结合的教学方法进行。教师先单一讲授要领，学生单一练习，熟悉后跟随音乐练习。

教师要时刻关注学生身体姿态的直立感、动作规范性和发力点的位置，确保学生在准确、规范的前提下重复练习。

（二）勾绷脚训练和擦地训练

1. 勾脚和绷脚的训练

在日常的形体训练中，脚踝关节的训练（如勾绷脚练习）是非常重要的。它能拉长舞者的身体线条，让腿部变得修长，还能够增强脚踝关节的灵活性，增强脚踝的力量。

绷脚：自脚腕处用力往外推动脚弓绷直，再依次用力推动脚趾绷向斜下远处。（如图 4-2）

图 4-2 绷脚

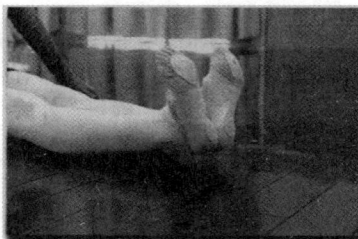

图 4-3 勾脚

先绷脚准备，用脚尖带动整个脚往小腿方向勾。脚后跟最大限度伸展，脚跟往远蹬，脚背与小腿形成小于 90°的角。

绷脚与勾脚是形体基础训练中的一个重要环节，它不仅涉及动作的基本形态，更重要的是动作的用力方法。绷脚与勾脚在训练过程中包含脚趾的勾绷，它是一组存在内在逻辑关系的动作，一般来讲绷脚与勾脚要放在一起练习。（如图 4-3 勾脚）

2．双绷脚训练

动作做法：

正步位伸腿坐，双脚并拢，自踝关节处发力推动脚弓向斜下方伸展，再由脚弓延伸至脚趾，形成绷脚。绷脚时脚背最大限度伸展，与小腿呈优美的弧线。绷脚在动作形式上可有正的、外开的、单脚的、双脚的。

动作要求：

① 动作的形态要准确，防止趿脚。要找准正确的用力方法，脚趾用力向远处伸展。

② 注意腿部肌肉用力向前延伸。

③ 脚笔直伸出和腿呈一直线，从脚背到脚尖再往远处延伸。

3．双勾脚训练

动作做法：

正步位伸腿坐，双脚并拢，自踝关节处发力，经过勾脚趾、脚掌，将力量集中在踝关节处。勾脚在训练形态上可以有正的、外开的、双脚的、单脚的。勾脚分解练习时可先做勾脚趾再做完整的勾脚。

动作要求：

① 动作的形态要准确，勾起的脚掌要正对前方，并要求踝关节屈折到最大限度。

② 两脚像小钩子一样勾起，脚尖、脚背、脚腕依次向上勾起，最后脚后跟离开地面。

③ 强调腿部前、后对抗肌群的收缩与放松。

4．双勾趾训练

绷脚准备，脚趾往脚背方向勾起。只勾脚趾，脚背保持绷脚不动。

5．双绷趾训练

双勾趾准备，脚趾往下绷，呈双绷脚。只绷脚趾，脚背保持绷脚不动。

6．环绕脚训练

准备时绷脚尖，双腿并拢。直腿坐地，双手体侧扶地。趾尖带动，以脚后跟为中心经勾脚—外旋—合并绷脚—勾脚，或者勾脚准备，经由双绷脚—外旋—双勾脚。

7．擦地训练

动作做法：一腿全脚直立支撑，另一腿伸直向前、旁、后方向绷脚；擦出，再擦地收回脚位。

动作要求（以向前擦地为例）：脚跟内侧力量向前顶出。脚尖擦着地面并渐渐把脚背绷直，使脚尖外侧在正前方点地（注意：在不顶胯的前提下，脚尖伸向最远端并和主力腿保持在一条直线上）。收回时，脚尖带动，擦着地慢慢收回。（如图4-4）

图 4-4 擦地训练

8．内容提升训练

（1）勾绷脚地面组合训练。

本组练习采用配乐《勾绷脚地面组合》。

谱例 4-2

$$1=F \quad \frac{6}{8} \quad ♩=108 \qquad 《勾绷脚地面组合》$$

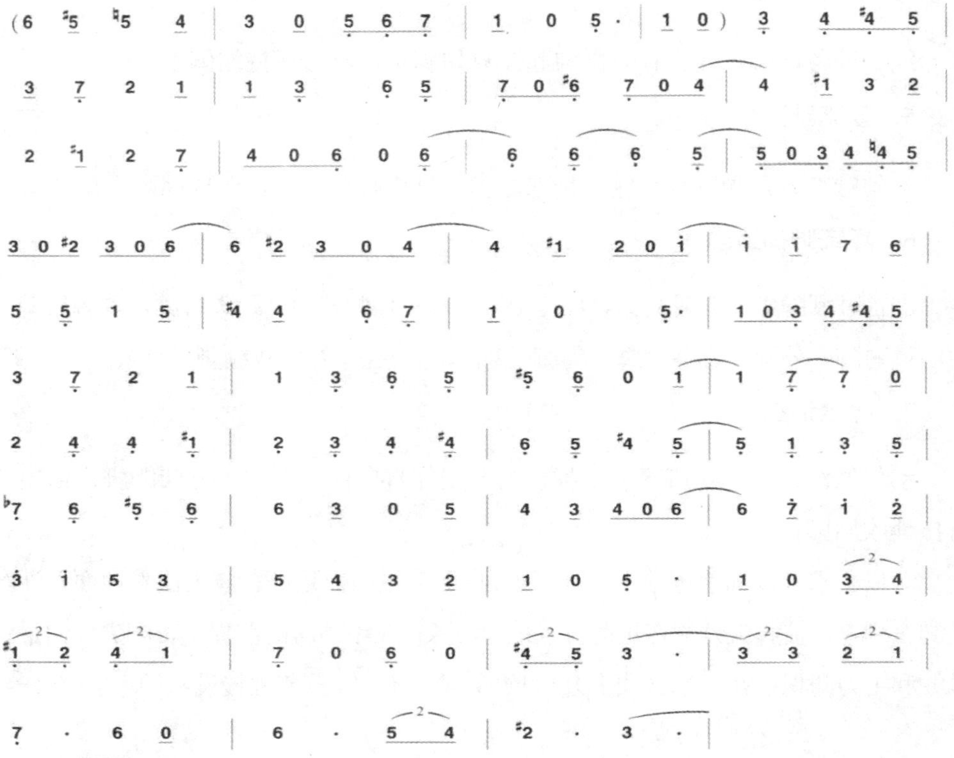

动作分解：

准备动作：坐下，双腿伸直，双手放旁，指尖点地。

① 1—2拍勾右脚趾；3—4拍勾右脚；5—6拍勾右脚趾；7—8拍绷右脚。

② 1—8拍重复①的动作。

③ 左脚重复①-②的动作。

④ 左脚重复①-②的动作。

⑤ 1—4拍双脚勾脚；5—8拍双脚绷脚。

⑥ 1—8拍重复⑤的动作。

⑦ 1—8拍一拍一动，左右交替勾绷脚。

⑧ 1—8拍双脚脚尖带动，由里向外环绕一圈，再由外向里环绕一圈。

训练目的：

勾绷脚是锻炼踝关节的一项基础训练，一个好的勾绷脚动作贯彻了芭蕾四大要素—"开、绷、直、立"。地面勾绷脚把我们平时最容易忽视的脚背和脚踝关节作为训练重点，能让初学者摆正上身姿态，提气收腹。

动作要求：

① 训练前，一定要先活动脚踝关节和小腿，以免组合练习时抽筋。（如果绷脚太用力导致小腿抽筋，可以通过勾脚让小腿筋拉长，缓解抽筋状态）

② 以地面训练形式进行，有助于上体始终保持直立。

③ 动作时双腿保持伸展，脚跟并拢，大腿夹紧，膝盖绷紧。勾脚时全脚勾回，大腿一样要保持伸直状态；绷脚时要注意延伸，抬脚跟压脚趾，切记不要只绷脚趾。

④ 单脚交替勾绷脚时，要强调换脚，这样可以锻炼学生的协调能力。

⑤ 勾脚要求力量到脚跟，脚跟离开地面才能确保腿完全伸直；绷脚要求力量到脚尖，并尽力向远处伸展。半勾脚应注意力量到前脚掌，大脚背用力绷直。动作过程中要保持后背直立、挺拔。

（2）把上勾绷脚擦地组合。

本组练习采用配乐《春之歌》。

谱例 4-3

1=A $\frac{2}{4}$ 〔德〕门德尔松曲《春之歌》

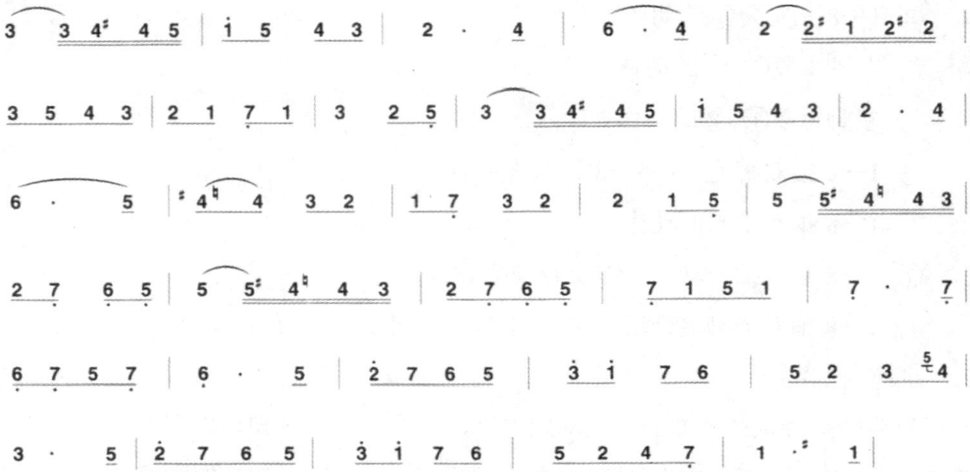

动作分解。

准备动作：面对把杆，大八字位站立，双手自然下垂，音乐起时两手轻轻搭于把杆上，目视前方。

① 1—2 拍右前擦地；3—4 拍勾脚；5—6 拍绷脚；7—8 拍回正。

② 1—8 拍重复①的动作。

③ 1—2 拍右前擦地；3—4 拍主力腿小蹲，动力腿勾脚；5—6 拍主力腿直立，动力腿绷脚；7—8 拍回正。

④ 1—8 拍重复③的动作。

⑤ 1—4 拍前擦地两次；5—8 拍旁擦地 2 次。

⑥ 1—4 拍后擦地两次；5—8 拍小蹲 1 次。

⑦ 两拍一动，半脚尖立 4 次。换左脚重复所有的动作。

⑧ 两拍一动，半脚尖立 4 次。换左脚重复所有的动作。

训练目的：

找到力量延伸到脚尖的感觉，从而拉长腿部肌肉线条。

动作要求：

① 在做擦地动作时，严格按照"全脚—脚掌—脚尖"的过程进行，收回按照"脚尖—脚掌—全脚"的程序进行。

脚后跟带动动力腿向前延伸，最后到绷脚，整个过程中动力腿直挺，大腿内侧肌外旋。

② 在组合训练过程中，上身始终保持直立挺拔状态，重心始终保持在主力腿上。

③ 在做动作分解③的动作时，主力腿和动力腿的动作要同时进行。

学习建议：

① 在做勾绷脚练习前，要活动脚踝关节和脚背，让关节韧带松软。

② 在学习的过程中，老师讲解动作并示范，学生模仿，先单一练习、单一动作，熟悉之后再组合练习。老师要细心观察，及时发现并纠正错误动作，以免动作固化后难以纠正。

③ 练习速度可由慢至快。

④ 在老师讲解示范以及学生做分解动作练习时，组合练习的音乐只作为背景音乐；学生初步学会动作后，再根据音乐节奏进行练习。

（三） 吸伸腿训练

1. 形体训练：吸伸腿训练

吸伸腿，它是形体训练中非常重要的训练项目，也是一个基础动作。吸伸腿的用途十分广泛，跳、旋转的动作都离不开它。虽然吸伸腿仅仅是一种动作形式，但它包含着很多基本功和素质，不通过训练无法感受其价值。

2. 吸伸腿基本动作做法

动力腿脚尖经过小吸腿，从脚踝处贴着主力腿往上提，提到主力腿膝关节下。

动作要领：

（1）"开"，在做旁吸腿时，动力腿的胯要打开，膝盖要往外顶开。

（2）"绷"，脚背必须绷直，脚面凸起，使腿的线条加倍修长、流利。

（3）"直"，主力腿重心要稳在脚掌上，收臀收腹。

（4）"立"，丹田提气，两肩下沉，脖子拉长，身体姿态要挺拔伸展，讲究形态美。

（5）"长"，学生的腿、脚及身体线条要修长。

3．内容提升练习

（1）地面吸伸腿练习。

本组练习采用配乐《歌唱二小放牛郎》。

谱例4-4

1=bE $\frac{2}{4}$ 方冰词，劫夫曲《歌唱二小放牛郎》

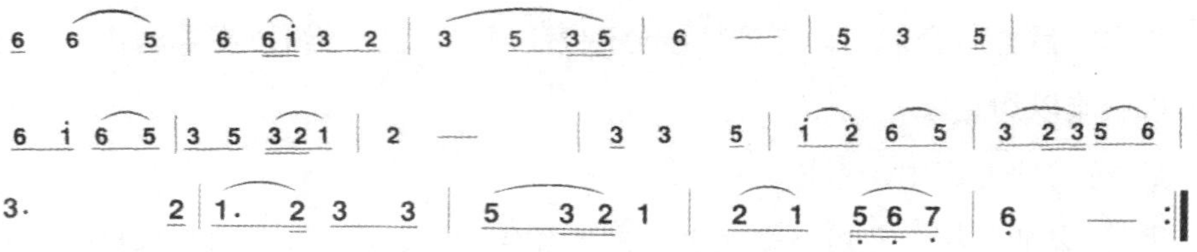

动作分解：

仰卧，双腿并拢，手臂放于斜下位，自然呼吸。

① 1—4拍右腿吸腿起，脚尖贴地面至大腿与地面呈90°；5—8拍固定住膝盖，脚尖带动主力腿外旋后，往上抬至腿与地面呈90°。

② 1—4拍固定住膝盖，脚尖收回至吸腿姿态；5—8拍脚尖擦着地面收回至准备姿态。

③ 重复①—②的动作。

④ 重复①—②的动作。

⑤ 1—4拍腿吸至旁腿位置脚尖点住膝盖；5—8拍固定住膝盖，脚尖带着伸到正旁，转开。

⑥ 1—4拍固定住膝盖，脚尖收回至旁吸腿姿态；5—8拍脚尖沿着主力腿擦着地面收回至准备姿态。

⑦ 重复⑤—⑥的动作。

⑧ 重复⑤—⑥的动作。

反面重复①—⑧所有的动作。

（2）把杆吸伸腿练习。

本组练习配乐《军民团结一家亲》。

谱例 4-5

1=A $\frac{2}{4}$ 吴祖强词，杜鸣心曲《军民团结一家亲》

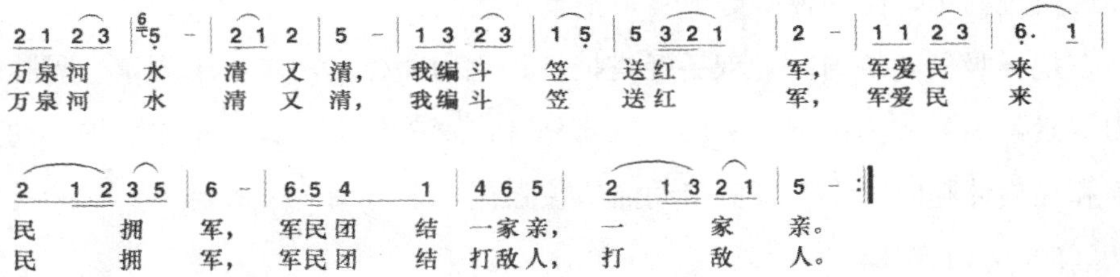

动作分解：

双手扶把，右脚前 5 位脚位站。

① 1—8 拍右腿吸腿，落后 5 位。

② 1—8 拍右腿吸腿，落前 5 位。

③ 1—4 拍右腿吸腿，主力腿起半脚尖；5—8 拍右脚脚尖往前延伸拉长，小脚趾点地后力腿半蹲，8 拍时收回 5 位。

④ 1—8 拍主力腿直立，右腿脚尖带动擦地两次，收回前 5 位。

间奏：立半脚尖 2 次。

⑤ 1—8 拍左腿吸腿，落后 5 位。

⑥ 1—8 拍左腿吸腿，落前 5 位。

⑦ 1—4 拍左腿吸腿，主力腿起半脚尖；5—8 拍左脚脚尖往后延伸拉长，大脚趾点地，主力腿半蹲，眼睛往下方看，8 拍收回 5 位。

⑧ 1—8 拍主力腿直立，左腿脚尖带动擦地 2 次，收回后 5 位。

（3）训练目的。

通过地面吸伸腿的反复练习，训练腿部肌肉的收放自如，掌握腿部开、绷、直的动作要领。

把杆吸伸腿是对地面吸伸腿练习的强化。通过把杆练习，能够让学生掌握主力腿重心的转换，也能锻炼身体的挺拔姿态。

（4）动作要求。

在地面吸伸腿练习中，表情要自然，呼吸要顺畅，并注意后背始终贴住地面，双手始终保持五指并陇斜下45°的位置。练习时主力腿始终绷脚，膝盖脚背伸直外旋。旁吸腿时，主力腿的胯始终贴地面。动力腿要脚尖带动往远延伸。在整个地面练习过程中，必须控制好节奏，把音乐灌满。

在把杆吸伸腿练习时，双手轻搭把杆，主力腿外旋，重心于脚掌。吸腿时，动力腿紧紧贴着主力；腿往上爬，绷脚外开，膝盖外旋，脚后跟往前顶。动力腿往前和往后伸腿时，注意脚尖带动而留住膝盖。

（5）学习建议。

练习前要把胯、脚背活动开，先根据老师要求练习单一的吸腿、伸腿，由前腿到旁腿。熟悉之后再将节奏由8拍一次换到4拍一次。在老师讲解示范以及学生分解动作练习时，组合练习的音乐只作为背景音乐；学生初步掌握动作后，再根据音乐节奏进行练习。

（四）腰部训练

1. 腰部基本练习

胸腰是舞者在舞蹈中非常重要的一个元素。下肢动作美不美主要看膝盖的运用和步伐的移动，上肢要出彩则依靠胸腰。不同舞种对运用胸腰的要求都不一样。胸腰不是一定要出现在舞蹈中的"必备"要素，但几乎所有的舞蹈都可以借助胸腰来锦上添花。而舞蹈中"胸腰"动作要做得优美、舒展，不是以胸段后伸为主。胸腰主要依赖开肩；肩关节外旋，胸锁关节打开；肩胛骨后缩，同时要注意头颈部后伸的配合，这样才能使动作更加完美。

2. 压胸腰训练

（1）正面跪立于把杆前，两臂上举伸直。

（2）两臂向前探出，贴住把杆。

（3）肩胸伸展，向前挤压。

（4）上身抻拉，腰背形成弧度。

（5）两腿伸直，重心可随压胸动作往前偏移。

3．涮腰训练步骤

（1）面对前方，左右八字步分脚站好，两臂平肩打开。

（2）两臂朝体侧正旁位引领，指尖带动，头、上身跟随。

（3）两臂伸直与肩同宽，经侧旁向前平伸，继而平圆环动一周。

（4）过程中，上身前俯、后仰、旁侧尽量与地面达至 90°，拉长前腰、后腰、侧腰不同部位。

（5）头眼跟随手动，往最远路线画圆，动作幅度越大越好。

（6）两腿伸直，也可配合身体方向屈膝。

（7）可有正反两个方向的画圈环动。

4．芭蕾的把杆手位训练

一位手：在站立的基础上，手臂自然下垂，手臂呈弧形，肘关节外顶，手心朝上。

二位手：保持一位手型，手臂平平向上端起，手心对胸口约三个拳头处，有种拥抱的感觉。

三位手：保持二位手，手臂端向头顶鼻子的上方，手心朝内，肘关节往后掰开，手臂仍然保持弧形，肩膀下沉，脖子拉长。

七手位：保持二位手型，手臂像推开窗户一样扩张到正旁，肘关节不能下坠，肩、肘、手腕要呈水滴流线型。

5．内容提升训练

（1）地面腰部练习。

本组练习采用配乐《牧童短笛》。

谱例 4-6

1=C $\frac{4}{4}$ ♩=116 舒适自在地 贺绿汀曲《牧童短笛》

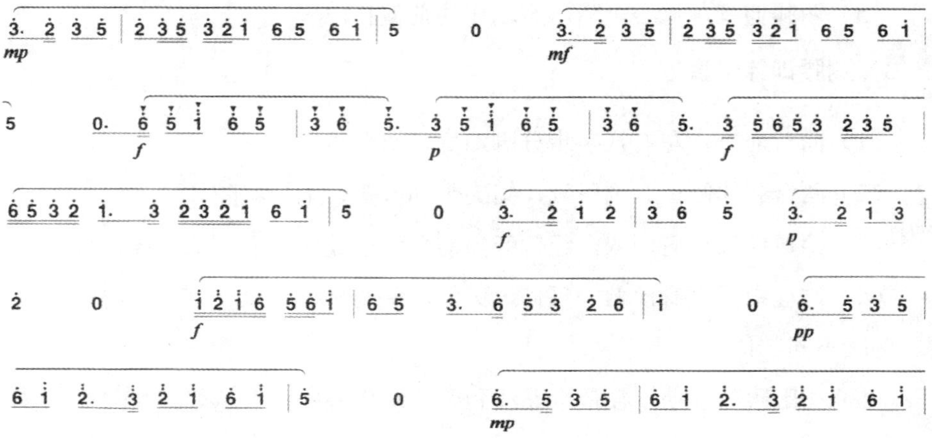

动作分解：

跪坐，身对1点，团身。

① 1—8 拍跪立，两手与肩同宽放于地面，头带动身体向前延伸再向后仰，腰向后卷。

② 1—8 拍回到原位。

③ 重复①—②的动作。

④ 重复①—②的动作。

⑤ 1—8 拍跪坐，右手指带动身体左侧下腰，右手指往远处延伸，眼观1点。

⑥ 1—8 拍回到原位。

⑦ 反面重复⑤—⑥第七、八拍坐下，两腿向前并拢伸直，两手放旁点地。

⑧ 反面重复⑤—⑥第七、八拍坐下，两腿向前并拢伸直，两手放旁点地。

⑨ 1—8 拍双腿绷脚保持不动，两手从前到上再到旁后点地位，头从低头到后仰，胸腰上顶。

⑩ 1—8 拍双手自上而下到脚尖位，头带动身体前俯。

（2）训练目的：

通过腰部单一动作的反复练习，提高腰部柔韧性，扎实舞蹈训练中的基础，以及锻炼舞者肢体的灵活性。

（3）动作提示：

在做腰部练习时，要注意身体其他部位的配合：要沉肩，手指要带动身体走最远的路线，讲究延伸感，气息要平稳。

（4）把上蹲和腰的练习。

本组练习采用配乐《小夜曲》。

谱例 4-7

$1=G\ \dfrac{12}{8}$　〔波〕肖邦曲《小夜曲》

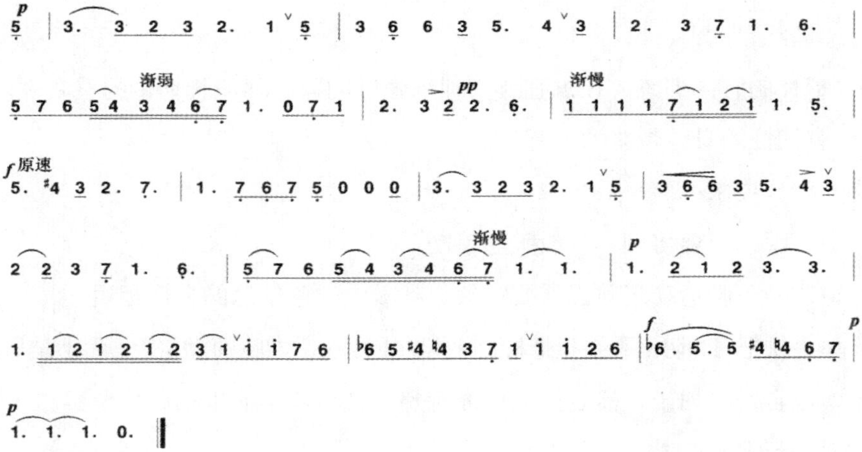

动作分解：

左手扶把，一位脚站立，一位手准备，头看 2 点方向。音乐起手经过 1 位、2 位打开至七位手。

① 1—2 拍小蹲 1 次，从 7 位手到 1 位手；3—4 拍小蹲 1 次，手从 1 位经过 2 位打开到 7 位；5—8 拍手从 7 位呼吸至 1 位，手带动身体向下，下前腰后手再带动身体起，手经过 3 位打开至 7 位。

② 1—2 拍小蹲 1 次，从 7 位手到 1 位手；3—4 拍小蹲 1 次，手从 1 位经过

123

2 位打开至 7 位；5—8 拍手从 7 位呼吸至 3 位，手带动身体向把杆下旁腰后手再带动身体起，手经过 3 位打开至 7 位。

③ 1—2 拍小蹲 1 次，从 7 位手到 1 位手；3—4 拍小蹲 1 次，手从 1 位经过 2 位打开至 7 位；5—8 拍手从 7 位呼吸至 3 位，手带动身体向后下腰，手再打开到 7 位，挑胸腰回正。

④ 1—2 拍右脚擦地到前点地；3-8 拍手带动身体，从前旁一后涮腰，手从 7 位至 2 位至 3 位再回 7 位。

⑤ 1—4 拍呼吸手带动身体向前折，手从 7 位至 1 位至 3 位；1—8 拍提气，挑腰向后下腰后回正，手从 3 位至 7 位后，收回动力腿，立半脚尖向里转身变右手扶把。

⑥—⑩右手扶把，按①—⑤反面重复一遍。

（5）训练目的：

通过把杆的腰部训练，在加强腰部训练强度的同时强调腰韧带的重要性，找到挺拔、有韧性的身体带来的美感。

（6）动作要求：

① 头、手、眼要协调，一般眼随手动。

② 每次做下腰运动之前都需要提气、呼吸，注意气息的合理运用。

③ 单手扶把时，切记不要拉把杆，身体的重心在主力腿的脚掌上，而不是后跟。

④ 本组合是三拍子，需要把动作灌满整个音乐，不能抢拍、抢节奏。

（7）学习建议：

① 腰部练习是一个循序渐进、从量变到质变的过程，要讲究正确的练习方法和韧带拉伸的度，不能急于求成。

② 先进行单一的腰部训练动作，提高腰部柔韧性。待动作熟练后，分段练习组合动作。

③ 在教师讲解示范以及学生分解动作练习时，组合练习的音乐只作为背景音乐；学生初步学会动作后，再根据音乐节奏进行练习。

（五）中间练习：姿态训练

1．芭蕾舞的姿态训练的基础练习

一般在欣赏芭蕾舞剧时常看到芭蕾舞者做出各种各样优雅美丽的动作，而这些动作，实际上都是由 5 个基本脚位和 7 个基本手位组合而成的。所有芭蕾舞开始和结束的动作都会用到由这些基本脚位和手位所组成的某个姿势。这些姿势是在 18 世纪创造的，目的是为了达到身体的平衡并使腿部动作显得优美。

2．芭蕾基本手位

1 手位：手臂自然下垂，胳膊肘和手腕处稍圆一些。手臂与手呈椭圆形，放在身体的前面，两手的中指相对，并留有一拳的距离。

2 手位：手保持椭圆形，抬到横隔膜的高度（上半身的中部，腰以上、胸以下的位置），但在动作过程中，要注意保持胳膊肘和手指这两个支撑点的稳定。

3 手位：在 2 位的基础上继续上抬，至额头的前上方，不要过分向后摆，三位手就像是把头放在一个椭圆形的框子里的感觉。

4 手位：左手不动，右手切回到 2 位，组成 4 位手。

5 手位：左手不动，右手保持弯度呈椭圆。手指带动向旁打开，在过程中胳膊肘和手指两个支撑点要保持在一个水平面上。手要放在身体的前面一点，不要过分向后打开，起到一个延续双肩线条的作用。

6 手位：右手不动，左手从 3 位手切回到 2 位，组成 6 位手，形成舞姿。

7 手位：右手不动，左手打开到旁边，双手相同地放在身体的两边，提肘，肩、肘、腕、手指尖呈流线型。

小 7 手位：将 7 位手下行到一半，两手指向斜下方延伸。

3．芭蕾基本脚位

芭蕾基本脚位的 5 个位置，是初学者最早要学习的动作。不只是因为简单，而是芭蕾课堂上大部分动作都是以其中之一作为开始和结束的姿态。脚部外开并非易事，但也并不可怕，只是需要时间和坚持不懈的刻苦锻炼。有些人的自然开度好，以下的动作能很轻易地完成。有些人开度差一些，但只要多练习就会逐渐达到要求。

1 位脚：两脚完全外开，两脚跟相接形成一横线。

2 位脚：两脚跟在一位基础，向旁打开一脚的距离（根据自己脚的大小）。

3 位脚：一脚位于另一脚之前，前脚跟紧贴后脚心。前脚盖住后脚的一半。

4 位脚：一脚从 5 位向前打开，两脚相距一脚的距离。前脚跟与后脚趾关节在一直线上。

5 位脚：两只脚紧贴在一起，一脚的后跟紧挨着另一只脚的脚尖，前脚完全遮盖住后脚。

4．内容提升练习

（1）中间练习——芭蕾手位、脚位练习。

本组练习采用配乐《乘着歌声的翅膀》。

谱例 4-8

1=bA $\frac{6}{8}$ 〔德〕门德尔松曲《乘着歌声的翅膀》

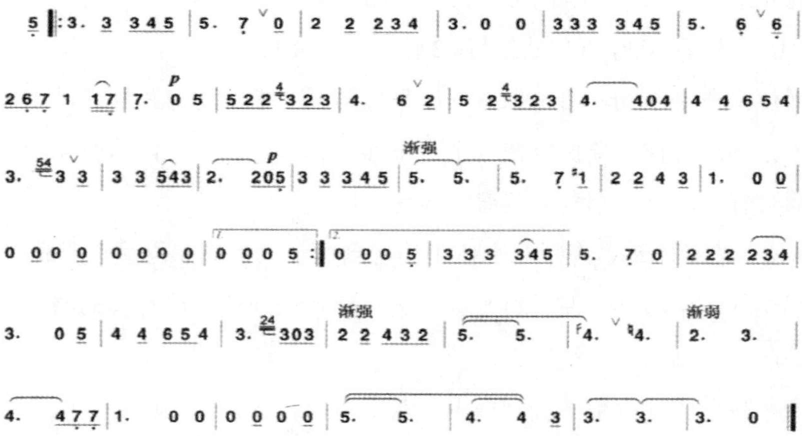

1 位脚位，1 位手位，身对 1 点音乐起，呼吸一次。

① 1—2 拍二手从 1 位到 2 位；3—4 拍 2 位到 3 位；5—8 拍 3 位到 4 位然后到 5 位。

② 1—2 拍 5 位到 6 位；3—4 拍拉开到 7 位；5—8 拍双手向外延伸，呼吸后回到 1 位。

③ 1—2 拍右脚擦地，手至 2 位；3—4 拍 4 位蹲后，移重心至后点地，右手打开至 6 位后，左手拉长向前延伸到阿拉贝斯手位；5—8 拍收回主力腿至 5 位蹲，左脚旁擦地后回至 1 位脚位；手先回 6 位，打开变 7 位后呼吸收回至 1 位。

④ 1—2 拍先小蹲。右脚旁擦地后收回前 5 位，小七位手呼吸一次，眼看 2 点方向；3—4 拍先小蹲，左脚旁擦地后收回前 5 位，小七位手呼吸一次，眼看 8 点方向；5—8 拍半蹲后立半脚尖，双手从 1 位至 3 位。

⑤ 1—4 拍立半脚尖向右转圈，手在 3 位；5—8 拍落 5 位，身对 8 点方向，双手从 3 位打开到至 7 位，延伸后收回 1 位。

（2）中间练习：擦地练习。

本组练习采用配乐《无论如何》。

谱例 4-9

$1=F \dfrac{3}{4}$ 〔日〕久石让曲《无论如何》

身对 8 点，脚右前 5 位，手 1 位准备。

① 1—6 拍左前敞开式擦地 3 次，左 6 位手；7—8 拍 4 位蹲，移重心，左手延伸。

② 1—6 拍左后擦地 3 次，左手延伸；7—8 拍 5 位半蹲，体转 1 点，双手打开到 7 位。

③ 1—6 拍身对 1 点，七位手，左、右、左 3 次擦地，眼随脚的方向；7—8 拍身对 1 点，手位从 7 位至 2 位再打开至 7 位，右擦地 2 位蹲再移重心收回。

127

④ 按①—③反面重复一遍。

⑤ 按①—③反面重复一遍。

⑥ 按①-③反面重复一遍。

（3）训练目的。

中间手位练习让学习者熟悉芭蕾常用的姿态手位，配合悠扬的音乐，帮助学习者寻找舞蹈的美感。

（4）动作要求。

① 气息要合理应用到组合的每个动作中来。每次出动作都需要一个小提气，用气息去贯穿动作，才能找到芭蕾的美感。

② 中间练习时，由于没有把杆和地面的辅助，需要自己去找身体的重心，身体重心一般在两前脚掌上，切忌将重心放在脚后跟或者翘脚趾头或外翻内翻。

③ 手眼协调，眼随手动。

（5）学习建议。

先把胯、腿、脚背活动开，然后单一进行手位、脚位练习，接着将组合连起来反复练习。

在教师讲解示范以及学生分解动作练习时，组合练习的音乐只作为背景音乐；学生初步学会动作后，再根据音乐节奏进行练习。

二、身法韵律训练解析

（一） 身法韵律基本元素的训练

以古典舞为例，身韵基本特点有三个，古典舞是一门"圆"的艺术，强调"画圆轨迹"，通常有平圆、立圆、八字圆等，饱含着中华几千年传统文化精神的沉淀；强调"以腰为轴"，以腰部为发力点，带动身体做画圆运动，从而提取出"沉、提、冲、靠、含、腆、移"等古典舞基本要素；强调"形神兼备、身心并用、内外统一"，以神领行，内气导引，重视气息在舞蹈动作中的运用。

沉、提、冲、靠、含、腆、移是中国古典舞身韵里最基本的元素。通过这些练习可以增强气息和身体语言之间的协调性、连贯性，使动作变得圆滑、平缓，没有棱角，使表达的情感更加饱满而具有感染力。

1．"沉"的训练

以盘坐的姿态，通过呼气，使气沉丹田，自下而上拉动脊椎自然弯曲，胸微含，眼皮随沉气慢慢放松。

2．"提"的训练

在沉的基础上吸气，气息从丹田处提，自下而上至头顶，让脊椎一节一节往上展开，同时眼皮逐渐张开，瞳孔放神。

3．"冲"的训练

先"提"，在"沉"的过程中，用肩的外侧和胸大肌向 8 点或 2 点水平"冲"出，肩与地面保持平行，切记上身不要向前倾倒，感觉腰侧肌拉长，头与肩方向相反，眼和"冲"的方向一致。

4．"靠"的训练

先"提"，在"沉"的过程中，用后肩部及后肋侧带动上身向 4 点或 6 点"靠"出，感觉前肋往里收，后背侧肌拉长，要求肩与地面保持水平，不能有躺倒之感，肩、头方向相反，眼平视放神，头及颈部略向下梗。

5．"含"的训练

先"提"，在"沉"的过程中，双肩向内收，腰椎蜷起来，头尖朝下延伸，胸腔向后收缩，寻找双手抱肩的感觉。

6．"腆"的训练

和"含"是相反的运动，在"提"的过程中，双肩向肩胛骨靠拢，胸向前探，头微仰，上身完全舒展开。

7．"移"的训练

先"提"，在"沉"的过程中，肩部在腰的发力下向左或向右正旁移动，与地面呈横向的水平运动。要以腰发力，用肩带动向旁拉长腰肋肌，肩、头方向相反。注意：移是横向动势，要有不断的延伸感。

8. 内容提升训练

（1）古典舞基本元素训练组合。

本组练习采用配乐《知道不知道》。

谱例 4-10

1=D $\frac{4}{4}$ 广西民歌《知道不知道》

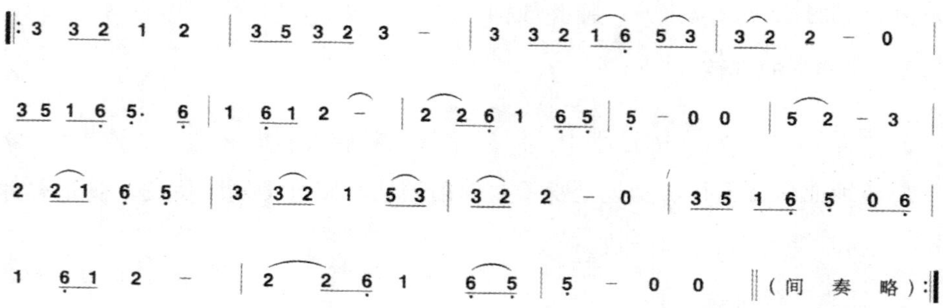

动作分解：

盘坐沉，两手轻轻放在膝盖上，音乐起提。

① 1—8 拍提，右冲。

② 1—8 拍提回到正位，左靠。

③ 1—8 拍提，右冲。

④ 1—8 拍提回到正位，左靠；7—8 拍回正后，沉。

⑤ 反面重复①—④一遍。

⑥ 反面重复①-④一遍。

⑦ 反面重复①—④一遍。

⑧ 反面重复①—④一遍。

⑨ 1—8 拍提，右移；右手手掌朝上提，小绕腕，右移时手指带动手肘向左平移，按手停。

⑩ 1—8 拍提，左移；右手手腕带动手指打开，小臂画立圆放下。

⑪ 1—8 拍提，右移；右手手掌朝上提，小绕腕，右移时手指带动手肘向左平移，按手停。

⑫ 1—4 拍按手提气回正；5—6 拍沉气时手从下画立圆到山膀手位后提气至最高点；7—8 拍下手画到背手。

⑬—⑯左手重复⑨—⑫的动作。

（2）训练目的。

通过"沉、提、冲、靠、移"元素的反复练习，强调以腰为轴的"平圆"动律特点，初步体验气息的作用，同时通过手臂的配合动作，进一步训练身体动作的协调性。

（3）动作要求。

在整个组合过程中，表情要自然，眼随手动，视线虚而深远；气息要放松，要"善于行意，巧于运气，控制用力"，气从丹田而沉于丹田。

在做"冲"和"靠"的过程中，切记动作的连贯性，先"提"再"冲"，"提"回正之后，再"靠"。整个过程要在舒缓的节奏中进行，注意要将气息贯穿动作中，要做满，不能断，也不能抢节奏。虽然后面加上手臂时，节奏加快了，但是动作也一样要有质感，强调顿挫性，辅以"点"的处理，每个"冲"和"靠"的动作都要有"亮相"。

（4）学习建议。

先单一练习古典舞的每个小元素，再单一练习手臂动作，熟悉之后再配合手臂练习。练习速度可以由慢至快。整个过程中要强调腰部发力，自下而上。

在老师讲解示范以及学生分解动作练习时，组合练习的音乐只作为背景音乐；学生初步学会动作后，再根据音乐节奏进行练习。

（二）手眼基本元素的训练

在古典舞中，身韵的元素动作通常会和眼睛的"张、弛、聚、放、收、含"等相结合，甚至动作结束时，眼神还可以继续延伸。"形未动、神先领、行已止、神不止"的形神结合也是古典舞的一大特点。无论是什么样的舞蹈表演，舞者眼睛和面部的表情都非常重要，它和肢体动作结合在一起，表达出舞者的真情实感。

1. "亮相"的训练

源于戏曲传统，在一连串动作之后突然静止，眼睛也随之定格，在身韵里也叫"聚神"。亮相按动作方位和目光方向的不同又能细分，如斜下亮相、斜上亮相。

2. "指"的训练

食指上翘，大拇指与中指轻捏，其余二指弯曲靠拢中指。

3. 眼随手动的训练

即目光随着音乐旋律和动作力度的配合，有张有弛、随手随呼吸地运动。也就是说眼睛要随动作的路线看去，手在哪里，目光就跟到那里，要有一种"形已止而神未止"的延伸感，在身韵里也叫作"放神"。

4. 内容提升的训练

（1）古典舞手眼的训练。

本组练习采用配乐《采茶扑蝶》。

谱例 4-11

$1=G\frac{2}{4}$ 福建民歌《采茶扑蝶》

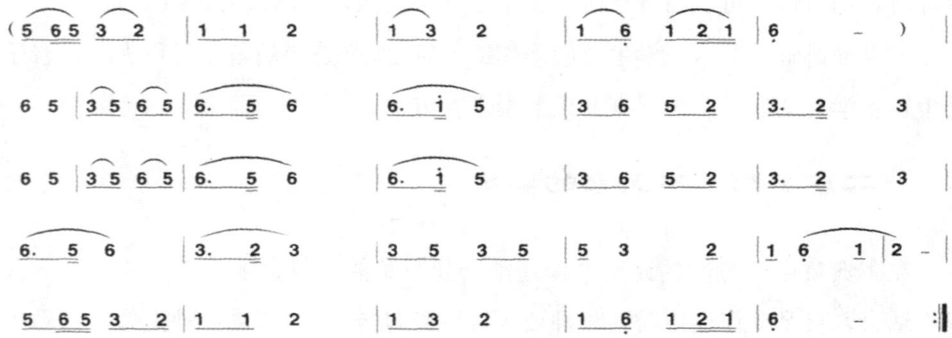

动作分解:

盘坐,背手低头准备。间奏起,提气双推手至胸前打开回到背手。

① 1—6 拍右手快速往右斜下指亮相,上身左靠;7—8 拍手指斜上指再迅速地放回斜下方,眼随手动。

② 1—6 拍右手快速往左斜下指亮相,上身右靠;7—8 拍手指斜上指再迅速地放回斜下方,眼随手动。

③ 1—6 拍右手快速往左斜上指亮相,上身右移;7—8 拍手指横移至右斜上再迅速地移回左斜上,上身快速地左移后回到右移位。

④ 1—6 拍右手快速往右斜上指亮相,上身左移;7—8 拍手指横移至左斜上再迅速地移回右斜上,上身快速地右移后回到左移位。

⑤ 1—4 拍右手指右斜下;5—8 拍右手指左斜上。

⑥ 1—8 拍右手从左斜上开始画立圆后到右斜上,眼随手动,上身有个提沉过程。

⑦ 1—8 拍右手手指两拍一次,指 2 点、1 点、8 点、7 点后收回背手,眼随手动。

⑧—⑭换左手重复上面①—⑧的动作。

(2)训练目的。

手眼组合练习将眼睛的"张、弛、聚、放、收、含"和手部的动作相结合,配合"提、沉、移、冲、靠"等元素动作,从而锻炼舞者"形神合一"的表演技能,增强舞蹈表现力。

(3)动作要求。

这是一个轻松、欢快的组合练习,在练习过程中表情要自然,不能僵硬。身体躯干的动作都要"以腰为轴",通过腰部作为发力点进行"冲、靠、移",将动作与神态配合协调,通过气息使整个组合的动作连贯起来。切忌"目光呆滞,眼大无神"。

(4)学习建议。

① 先练习单一几个方位的亮相动作,然后再配合连贯的画立圆的过程性动作。

② 练习时要强调顿挫感，组合动作速度有慢有快。

③ 在老师讲解示范以及学生分解动作练习时，组合练习的配乐只作为背景音乐；学生初步学会动作后，再根据音乐节奏进行练习。

（三）古典舞的手位与姿态练习

古典舞的基本手位是根据长期古典舞表演研究总结出来的最常用的基本手位。通过练习手位之间的常用变化，能丰富肢体语言，锻炼肌肉的协调性。古典舞的基本手位和姿态有以下几种。

1．背手训练

将双手兰花掌背于身后臀部，手形准确的同时注意保持身体的直立。

2．丁字步训练

两脚呈丁字，一个纵向，一个横向，交叉于横向的脚心位。

3．子午相训练

丁字步站好，胯对 2 点方向，上身拧到 1 点方向。

4．山膀训练

两手打开放旁，手肘上提，手腕、指尖内旋，肩膀到指尖呈流线型。

5．按掌位训练

一臂屈肘，掌心向下，按在胸前，距胸约 15 厘米，按掌位时的手形保持兰花掌。

6．托掌训练

一臂长弧形托于头上前方，掌心向上，指尖向里，要使臂膀从指尖到肩膀形成一条流线型的圆而不能有棱角，指尖朝上要有力量延伸。

7．顺风旗训练

一手山膀位，另一手托掌位。

8．双晃手训练

常见的手臂连接动作。整个手臂画立圆，包括呼吸、胸的提沉、手臂配合，颈部环动，眼要随手动。

9．盘手训练

手腕的转动带动肘部外旋或内旋。盘手时先含胸，然后眼随手动，身体也随之展开，最后回到原点，含胸。盘手有大盘腕和小盘腕之分。

10．平穿手训练

顾名思义就是用手做出穿透的形象，感觉好像拿着一把剑，但是剑锋不能刺到自己。手指带动手臂横向画圆动律。往回反着做就是反平穿。

11．内容提升训练

（1）古典舞手位和姿态练习组合本组练习采用配乐《梁祝》。

谱例 4-12

1=F $\frac{4}{4}$ 何占豪、陈钢曲《梁祝》

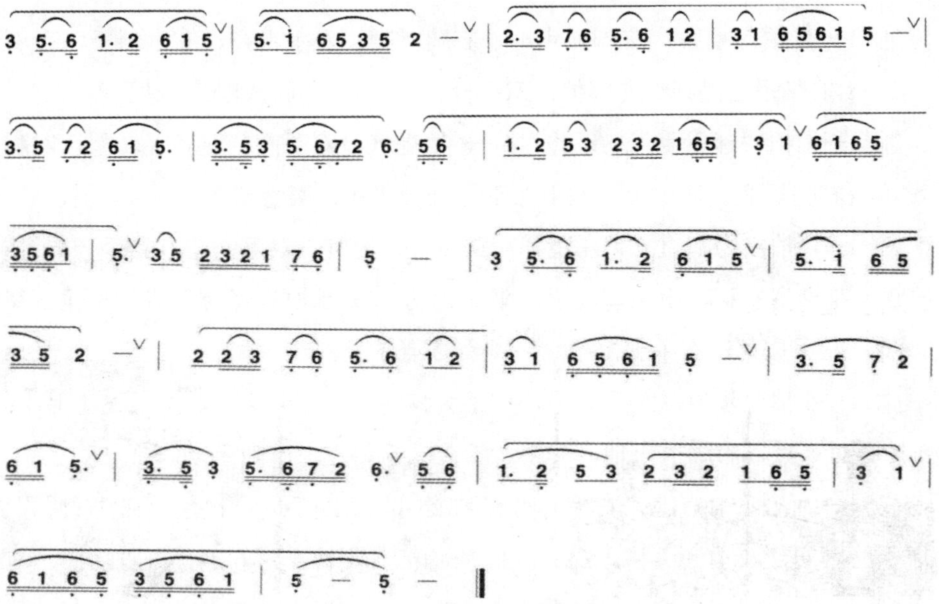

135

动作分解：

小八字位，背手，兰花指。

① 1—2 拍右手顺右胯向下经体侧斜下方至头上方，用手腕向上带动做撩掌动作；3—4 拍右手臂按掌由头上方至胸前，眼随手动，做按掌动作；5—6 拍右手由胸前经腹前，向旁用手心向外做分掌动作；7—8 拍右手微扣腕向右拉呈大臂与肩平的右单山膀位。

整个 8 拍眼随手动，第七拍时提气提腕眼睛看手，第八拍时沉气压手腕呈山膀，眼睛看 1 点亮相。

② 重复①的动作，但是需在保持右单山膀位的基础上，左手做方向相反的动作，最后呈双山膀位，眼随手动。

③ 1—2 拍在双山膀位的基础上，提气，双手经一个小提腕后，往下同时压腕，沉气；3—4 拍提气时，屈臂双手手心托上，经一个快速向外转手腕的动作，向头上方做双托掌位；5—8 拍提气，左脚上步变半脚尖立，双手臂交叉按掌由头上方自上而下向外画立圆，左脚上步半脚尖立，双手变顺风旗手位亮相，右手在上，眼看 8 点。

④ 1—4 拍落重心，左脚前点地，右腿微蹲，左手上扬，右手斜下，眼看斜下；5—8 拍左腿上提到吸伸腿位，双手回到顺风旗手位，眼随手动到 8 点。

⑤ 1—4 拍快速重复④的动作；5—8 拍提气，双手向左双晃手转圈，左脚旁迈步，吸右腿后撤，双手提至右上左下，绕腕亮相，眼看斜下。

⑥ 1—4 拍主力腿直立，左迈腿后踏步位，提气，双手向左双晃手一周；5—6 拍双脚花梆步右移，小左双晃手，眼随手动；7—8 拍右脚跨步后，左腿后移变大掖步，左手按掌，右手斜上按掌，眼看 2 点斜上。

⑦ 1—6 拍踏步位，左手背手，右手大盘腕 1 次，小盘腕 1 次，眼随手动；7—8 拍身对 8 点，右脚前点地，左手背手，右手斜上，眼随手动。

⑧ 1—2 拍右前点地，右手外盘腕到腰间，眼随手动，提气，右脚吸腿，右手屈于肘腰间，左手到山膀，低头；3—4 拍沉气，转身对 6 点，右腿后撤，右手穿手到旁，左手回胯前按手，眼看 5 点；5—6 拍右撤步变踏步蹲，小五花，眼随

手动；7—8 拍左腿撤步，半脚尖立，小射燕顺风旗。

⑨ 1—8 拍向后圆场步绕圈。双手落下到背手，眼看右下，最后造型面朝 8 点，上右脚变踏步蹲，左手背手，右手向斜前延伸，眼看右手。

（2）训练目的。

本组合将传统的单山膀、双山膀、顺风旗、双托掌、托按掌等手位用动作连接，以气息韵律为主要贯穿线，以节奏的轻重缓急、抑扬顿挫的控制变化对动作进行处理。强调了"形神兼备"的审美特点。通过基本手位的学习，体会古典舞的独特魅力，锻炼肢体协调性。

（3）动作要求。

在整个组合过程中，要注意气息的合理应用，每个动作前都会有个"欲动"，即"欲上先下""欲左先右""欲前先后""欲提先沉"。手臂动作时注意以手指带动手臂画最大的圆，强调动作的延伸性。在整个组合里，强调"眼随手动"，每一次亮相时动作要干脆，眼神要坚定。

（4）学习建议。

先单一地练习基本手位和姿态，然后用身韵基本元素将手位动作联合起来练习。

在教师讲解示范以及学生分解动作练习时，组合练习的音乐只作为背景音乐；学生初步学会动作后，再根据音乐节奏进行练习。

（四）古典舞基本舞步训练

中国古典舞里有很多种步法，古典舞肢体动作的"拧""倾""圆""曲"配上变化无穷的舞步，整个舞蹈会呈现一画一仙的美感，更似行云流水。其中要数圆场步和花梆步最为典型。圆场步和花梆步对训练小腿和脚的灵活性是很有帮助的。古典舞的比本舞步有以下两种。

1. 圆场步的训练

正步准备，一脚用脚跟上至另一脚的脚尖前，勾脚沿脚底的外沿依次由脚跟压至脚掌后，一只脚同时抬起脚跟接着往前走，这样连续上步前移。

路线呈圆圈形，可分直线、横线、半弧圆、斜线、圆圈、S 字形，横 8 字形等几种。速度分为慢速、中速、快速三种，多为由慢到快，整个过程又称跑圆场。在跑圆场的开始阶段，可采用半步，即行进脚脚跟落在另一脚的脚弓处，其他要求同上。这样做能更好地掌握重心，并突出了勾脚的过程。

2．花梆步的训练

又称碎步，即半脚掌着地，半脚尖直立，双腿快速地来回倒换，重心上提。具体做法先正步准备，双脚并拢膝微弯，抬起脚跟，勾脚，踝关节放松，双脚用脚掌处向前、旁、后的方向快速移动。不能用脚掌擦着地行进。

做向旁的花梆步时，一脚向移动方向（两脚间的距离约一拳），另一脚要快速并拢。做向前的花梆步时，第一步迈出后，第二步不是去看齐前脚，而是上在前脚约一拳左右的地方。后花梆步做法同前花梆步，只是移动的方向不同。

3．内容提升训练

（1）古典舞基本舞步练习组合。

本组练习采用配乐《茉莉花》。

谱例 4-13

1=F 2/4 江苏民歌《茉莉花》

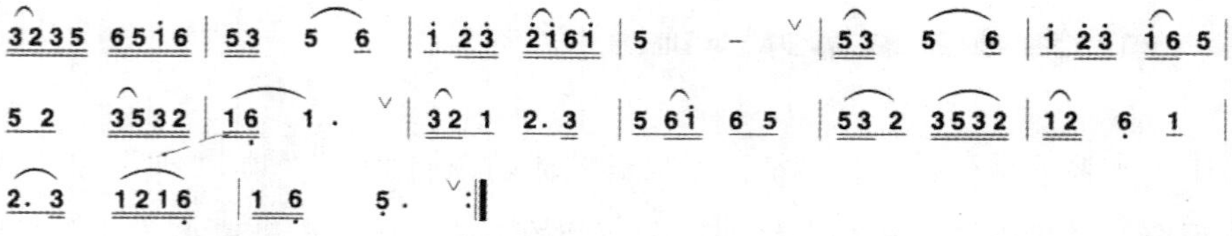

动作分解：

朝右侧准备，小八字位，背手，兰花指。

①—④圆场步走一个圆圈，两手小波浪手，两拍一动。

⑤—⑥体对 2 点，花梆步后退，双手画立圆，眼看 2 点。

⑦1—8 拍右移，花梆步，小的双晃手 2 次。

⑧1—8 拍向后圆场步转身，亮相造型。

（2）训练目的。

圆场步和花梆步是古典舞中最常见也是最基本的步法。在做这两种舞步时，不但脚下要快而稳，两脚要来回快速地倒换重心，而且对上身的控制力也有很高的要求，需要"提气"，而且气不能"散"。这对自身的协调性是一个很好的锻炼，同时能够提升舞者的个人气质。

（3）动作要求。

在做组合动作时，身体重心要微微前倾，膝盖以下的关节都要放松，膝盖以上的上身要收紧，大腿夹紧不僵直，两膝盖内侧要贴紧，步子要小、快、均匀，上身要稳，不能扣胸、撅臀，这样才能让身体看起来轻盈。通常圆场步走圆场，花梆步走直线和斜线，每一个停顿或转向不要忘记气息的合理调节，通常走之前都需要提气。

（4）学习建议。

圆场有快、慢两种训练，对于初学者，一般从慢圆场开始，强调勾脚，要求脚跟压至脚掌的过程要十分清楚，在膝盖微弯的情况下，应保持小腿以下的松弛。

做快圆场的时候，上身一定要平稳，脚底下的动作过程不像慢圆场那么仔细。但速度越快，踝关节越要放松。

花梆步可以先从向旁开始练，熟悉了之后再练习向前和向后的花梆步。

第四节　幼儿舞蹈的技能训练分析

一、专业技能训练

（一）幼儿舞蹈基本技能的训练方法

幼儿舞蹈基本技能的训练是指幼儿在教师指导下对形体及基本舞姿等的最基础的训练。通过学习训练，逐步提高幼儿舞蹈动作的节奏感、协调性、灵活性、柔韧性和优美感。初步培养舞蹈时动作与呼吸、感情体验与表达的和谐一致的能力，为今后的舞蹈学习打下良好基础。

（二） 幼儿进行舞蹈基本技能训练的目的

舞蹈是用形体表达情感的艺术，这其中，身体的力量、柔韧性、稳定性、协调性和灵活性必不可少。通过系统的舞蹈基本功训练，不仅可以增强幼儿肢体的柔韧性、协调性，加强身体肌肉的控制能力，以及培养他们的音乐感；同时，也增加了幼儿对艺术的敏感性，对美的感受力、表现力和创造力。

（三） 幼儿舞蹈基本技能训练的三个阶段

根据幼儿的动作发展特点，可以把幼儿舞蹈基本技能的训练分成三个学习阶段，各阶段之间互相联结，由易到难，具有顺序性和多样性。

1．阶段一：朦胧的兴趣状态

这一阶段的幼儿对舞蹈的表现欲望正处在朦胧的兴趣状态，对于他们的舞蹈基本功训练，需要采用寓教于乐的方式加以诱导，旨在为打下舞蹈艺术的审美基础。此阶段以基本形体训练、节奏训练和律动训练为主。通过训练使幼儿有舞蹈的正确姿态和随着节奏准确优美地做动作的能力，为塑造幼儿健美的体态及今后学习舞蹈打好基础。

2．阶段二：起到承前启后的作用

这一阶段的训练起到了承前启后的作用。由于幼儿已掌握了舞蹈的基本技能，此时需要适当增加训练的强度和训练内容的广度。因此可进行各种儿童舞蹈动作、方位（队形的不断变化）训练和集体舞训练（增强幼儿的群体间协调能力）等。通过学习，丰富幼儿舞蹈的语汇，让他们能够更好地感知舞台方位、身体方位以及伙伴间的协调配合，为他们将来参与舞蹈创编活动打好基础。

3．阶段三：情感发展的升华

由于幼儿的情感逐渐由情感认知向情感体验发展，因而这一阶段的目标可定为思想性、教育性、艺术性较强的舞蹈技能训练。如各民族少儿舞蹈练习、现代少儿舞蹈小组合及幼儿参与舞蹈创编训练活动等。通过训练，孩子们对于舞蹈已经有了较强的理解能力以及好学的情趣。

二、基本技能训练

幼儿期是人一生中生长发育的重要阶段，积极、正确、科学地对幼儿进行舞蹈基本技能的训练，在塑造幼儿优美的舞姿的同时，也给了幼儿想象、表达自己感受的空间。幼儿可以通过肢体动作来释放情感，从中获取舞蹈经验。

（一）基本技能训练：上体动作

1．头部动作

（1）仰头：后背直立，双肩平正固定不动。颈部前侧肌肉伸展，后侧肌肉收缩。眼视上方。

（2）低头：后背直立，双肩平正固定不动。颈部前侧肌肉收缩，后侧肌肉伸展。眼视下方。

（3）倾头：后背直立，双肩平正固定不动。颈部一侧肌肉伸展，一侧肌肉收缩。眼视前方。

（4）转头：后背直立，双肩平正固定不动。头部向左或向右最大限度转动，眼随头动。

（5）摇头：连续做转头的动作，注意幅度缩小。

（6）点头：连续做低头的动作，注意幅度缩小、颈部最大限度屈伸。

（7）晃头：连续做倾头的动作，注意幅度缩小。

2．上肢动作

（1）上位：双臂向正上方向伸直，两臂间距与肩同宽。

（2）下位：双臂伸直，垂于身体两侧（旁下位）或垂于身体前侧（前下位）。

（3）前平位：双臂向正前方向伸直，与肩平，两臂间距与肩同宽。

（4）前斜上位：双臂伸直，于"上位"和"前平位"之间的位置。

（5）前斜下位：双臂伸直，于"前下位"和"前平位"之间的位置。

（6）旁平位：双臂向正旁方向伸直，与肩平。

（7）旁斜上位：双臂伸直，于"上位"和"旁平位"之间的位置。

（8）旁斜下位：双臂伸直，于"旁下位"和"旁平位"之间的位置。

（9）后斜下位：双臂伸直于身后，距离身体 45°夹角（与前斜下位位置相反）。

3．手臂的基本舞姿

（1）小波浪：是手部的上提下压运动，用以模拟波浪的动作，也称"小三节"运动。"上提"动作时，手腕、手掌、手指依次上提，手成抓握状。"下压"动作时，手腕、手掌、手指依次下沉，并使手腕和手掌展开，手指上翘。动作过程要柔和、连续不断成微波荡漾的线条和动感。可在不同位置上完成，注意"提"和"压"时小臂要配合随动。

（2）大波浪：是臂部的上提下压运动，用以模拟波浪的动作。也称"大三节"运动。提时，肩部、肘部和手部（小波浪上提的全过程）依次向上；沉时，肩部、肘部和手部（小波浪下压的全过程）依次向下至下位。动作过程要柔和，"提"和"沉"连续不断形成大的波浪起伏线条和动感。可在不同位置上完成。

（二）基本技能训练：下肢动作

1．走步类

（1）走步：正步或小八字步准备。走步时手臂前后自然摆动。可根据音乐的节奏、情绪，亦可根据不同人物的形象表现出不同的走路形态。

（2）踵趾步：正步或小八字步准备。动作时第一拍左腿屈膝，右脚勾脚（以右脚为例）脚跟在前方（或旁）着地。根据出脚位置的变化分为前踵趾步和旁踵趾步。踮趾步可与其他舞步结合练习，如踮趾小跑步、踮趾小碎步等。

（3）碎步：即"细碎"的舞步。正步位准备，运动过程中用半脚掌着地交替快速地移动，可以"前进""后退""横移"。做"碎步"移动时，注意上身要平稳，膝部要松弛。训练时可结合舞蹈的需要和情感表达的要求，配合上肢和身体的动作练习。如模仿小鸟飞等。

（4）娃娃步：小八字步准备。动作时第一拍的前半拍双腿屈膝，右小腿旁抬起，头和身体同侧倾倒，双手扩指状至右顺风旗位置（掌心向外），后半拍右脚落地，双腿直立，双臂收至体前；第二拍动作相同，方向相反。

（5）踏点步：正步位准备。第一拍右脚（以右脚为例）原地（或其他方向）踏地；第二拍左脚前脚掌在右脚跟后点地，两腿同时屈伸。

（6）前进步：向前行进的"舞步"。一脚向前迈出，另一脚向其靠拢。可用"平步"做，也可以"踮脚"做。

（7）后退步：向后退行的"舞步"。一脚向后迈出，另一脚向其靠拢。可用"平步"做，也可以"踮脚"做。

（8）横移步：向旁行走的"舞步"。一脚向右（或左）横向迈出，另一脚向其靠拢：司用"平步"做，也可以"踮脚"做。

2．跑跳类

（1）蹦跳步：带有低"跳跃"性的舞步。正步位准备，动作时双脚蹬地向上跃起，在空中双腿直膝，然后双脚掌落地，同时微屈膝。蹦跳步可双起双落，也可以单起双落或双起单落。可以向前、后、旁等方向做。为了提高幼儿动作训练的兴趣，还可以加入幼儿喜欢的小动物形象，如小兔跳、青蛙跳等。

（2）跳踢步：正步位准备。在跳跃的基础上双腿交替做"后吸腿"，落地时支撑重心腿微屈。在做跳踢的过程中，双腿膝部始终靠拢，上体略前倾，以保持平衡。

（3）平踏步：正步位准备。两脚交替抬起落地，落地时全脚着地，踏地有声。注意膝盖松弛。可结合幼儿喜欢的游戏"开火车"等进行训练。

（4）进退步：步位准备。动作时，第一拍前半拍右脚（以右脚为例）向前迈一步。身体重心移至右脚，同时左腿屈膝离地，后半拍左脚掌落地，身体重心移至左脚，同时右脚离地；第二拍前半拍右脚后撤一步，身体重心移至右脚，同时左脚离地，后半拍左脚落地，同时右脚离地准备重复动作。

（5）吸跳步：右脚（以右脚为例）向前迈出，踏地后轻轻跳起，同时左腿吸起成"前中吸腿"。连续动作时，左脚重复右脚动作，迈出踏地后轻轻跳起，同时右腿成"前中吸腿"。"吸跳步"可在原地做，也可以向前行进做。

（6）横追步：带有低"跳跃"性的舞步。正步位准备，第一拍右脚（以右脚为例）向旁迈出一步同时左腿"半蹲"后微微跃起；第二拍左脚快速向右脚靠拢后全脚落地，同时右脚继续向旁迈出。注意膝部的松弛。

（7）小跑步：正步位准备。动作时两腿交替提膝，脚尖自然下垂，前脚掌落地，给人以轻盈之感。注意上身要平稳、步子有弹性。训练时舞步的速度可根据舞蹈需要和幼儿动作发展水平而变化，可结合律动形象进行练习，如马跑、开火车等。

（三）基本技能训练：动物形象模仿

（1）小兔状：双手"兔耳"形竖于头上两侧。亦可"折腕"做。

（2）蛙状：双手"扩指双托手"。亦可一腿膝部半蹲，另一腿屈膝抬起。

（3）小鱼状：双手后斜下位做"小波浪"成小鱼摆尾状。亦可一手后斜下位，另一手前平位做"小波"成小鱼游状。

（4）鸭状：双手在旁按手位，身体左、右倾倒做小鸭走路状。亦可半蹲，上体前俯，双手重叠置于嘴前成鸭嘴状。还可双手在肩旁做"折腕"成小鸭抖翅状。

（5）小猫状：双手"扩指"，屈臂，手心向里于嘴前，模拟小猫摸胡须状。亦可一手置于肩前，一手置于身后，前点步交替前行做小猫行走状。

（6）小狗状：双手放松，屈臂于肩前成小狗爪状。亦可双跪坐，做左右摆胯成小狗摆尾状。还可一腿屈膝向旁抬起做小狗刨地状。

（7）小鸡状：一手背后，另一手头上"立掌"成鸡冠状。亦可双手（拇指与食指伸直）交叉相握于胸前做"折腕"成小鸡吃米状。

（8）小羊状：双手握拳，小拇指伸直，位于头上成羊角状。

（9）老鼠状：身体略含，双手自然手形置于头侧，成老鼠东张西望状。亦可双手握拳置于头上做老鼠耳朵状。

（10）小马状：一手在后斜上位，成甩鞭状，另一手虚握拳，前平位屈臂成"单勒马式"手形。亦可一手做"单勒马式"，另一手做扬鞭状。

（11）小鸟状：双手旁平位做"小波浪"，亦可做"大波浪"成小鸟飞翔状。

（12）老虎状：双手五指张开，微屈成老虎爪形。

（13）孔雀状：一手前斜上位做"嘴式"手形成孔雀头状，另一手后斜下位做"嘴式"手形成孔雀尾状。亦可双手做"旁大波浪"至头上，手腕相靠成孔雀开屏状。

（14）小猴状：双手于头部做"抓耳挠腮"状。亦可一手抱住腰身，另一手做"张望"状。

三、基本技能训练的作用与宗旨

对幼儿进行舞蹈基本技能训练的目的不仅仅在于训练基本技能本身，更重要的是通过训练，使幼儿的各方面能力都得到锻炼和发展。幼儿舞蹈基本技能的训练要求教师用科学的训练内容和方法来指导幼儿，即课堂上的教学内容、方式、方法和科学的教育理念相呼应，最终强调幼儿健康体魄与舞蹈艺术特质的形成。

（一）基本技能训练的作用

1. 改善幼儿自然体态

在生活中，大家发现舞蹈专业演员与普通人体态的不同之处在于其异常挺拔的"非自然体态"。那么，为什么会有这样挺拔的身姿呢？无疑，这是长期的、科学的舞蹈基本技能训练的结果。

（1）舞蹈技能训练可以使附着在骨骼上的肌肉、韧带等得到拉伸，变得纤长而有弹性。

（2）增加肌肉的横断面，减少肌肉上覆盖的脂肪，使主要运动肌肉的力量得到增强，使其身材显得均匀而有线条。

（3）臀、腰、腹部肌肉得到了强化，形成了强有力的肌肉夹板，使腰部及躯干成异常挺拔的姿态……这些都是舞蹈演员体态美的重要前提。

对于幼儿来说，他们的骨骼、肌肉、肌腱非常嫩，可塑性非常强，故而从幼儿期开始舞蹈训练，自然可以纠正一些不良习惯导致的形体毛病。比如，有的孩子由于习惯于内八字脚形走路导致的小腿内侧弯曲，有的含胸，有的习惯于端肩，有的脖子前探，还有的轻微驼背等。若任其身体自由发展，有很大的概率会形成一些不良的体态，但是这些不良体态在经过一段时间的舞蹈基本技能训练后能得到矫正和改善。

2．提高幼儿的身体素质

舞蹈基本技能的训练是使幼儿身体更符合舞蹈规律的要求，以适应各种舞蹈角色的需要。众所周知，舞蹈是一门用肢体语言说话的艺术，要想学习或完成好舞蹈表演，需要调动人体众多的关节，其中包括踝、膝、髋、腰、胸、颈、肩、肘、腕及手指，甚至足趾关节也可能涉及。

通过舞蹈基本技能的训练，可以使幼儿肢体的各部位在力量、控制力、柔韧性、稳定性、协调性和灵活性等方面受到锻炼，从而使他们在舞蹈活动中做到动作连贯、优美自然、流畅柔和。当然，有了基本的身体素质作为舞蹈学习的基础，幼儿在学习、表演舞蹈的过程中，也增强了自信心，培养了他们对美的感受力和创造力。

3．提高幼儿舞蹈表现力

良好的舞蹈表现力是建立在规范准确的舞蹈动作之上的，因此舞者个人动作的反应速度和协调性是衡量舞感水平的根本前提。要培养舞感，离不开扎实的舞蹈基础、全身各部位动作的高度敏感力和协调性。俗话说，细节决定成败。舞蹈表现力的优劣往往就是透过手指、脚趾尖的延伸，肢体转动的方向、屈伸的程度，呼吸、韵律和对动作点、线、面的把握这些看似细小，却最不能忽视的地方显露出来，而这些，正是通过舞蹈基本技能的训练来达到的。

幼儿舞蹈的艺术语言是充满感情和想象的，而一部好的舞蹈作品的完成是需要幼儿具备一定的舞蹈基本功的。只有幼儿细致地掌握了动作的要求，才能在动作中赋予感情，从而增强舞蹈的感染力，达到"以舞带情""以情舞动"的艺术效果。

（二）基本技能训练的宗旨

1. 注重动作的规范性

舞蹈是一种肢体语言，所有的表达都离不开动作。幼儿舞蹈技能训练的教学内容是由无数个不同的单一动作组成的，要想使以后的动作组合、舞蹈作品精彩非凡，就得先将每一个单一动作练习好。因此，动作的规范性就成为幼儿舞蹈技能训练的重点。幼儿舞蹈技能训练中强调动作的规范性，原因有以下两个方面。

（1）基本功训练中的每一个动作都有它本身的最佳审美视角。无论是静止还是流动，其动作的方位、角度、运行路线、用力的部位以及呼吸、韵律都有相应的要求，只有做到准确、规范，才能使动作达到最佳的审美要求。

（2）强调动作的规范性也就是强调科学性的训练。比如，在基本功训练中规范的压腿、踢腿方法就不会使幼儿的腿变形。再如，幼儿弯腰也要用规范的方法，不宜给予强压，否则就会给幼儿带来难以弥补的身体伤害。只有强调动作的规范性，才会使幼儿舞蹈教学活动在良性的教学环境中发展壮大。

2. 注重动作符合幼儿的身体发展规律

舞蹈技能训练在使幼儿获得舞蹈技能、体验舞蹈魅力的同时，也使幼儿的身体素质、身体机能得到提高，促进他们身心的健康发展。而这些都是建立在科学的训练基础之上的，如果训练缺乏科学性，不但得不到预期的效果，还会降低舞蹈对幼儿身体发展的良性作用，甚至可能适得其反。

孩子的生长发育是有一定规律性的，尤其是幼儿动作的发育有其自身的规律。

训练时要符合其规律就必须考虑到怎样合理地选择分配训练内容，其中包括训练的时间长度（如果训练时间过长容易引起幼儿过度疲劳）、动作的幅度大小（动作幅度不能过于激烈）、动作训练的先后顺序等。如在"踢腿"等动作前，如果先进行压腿练习，不仅能够避免腿部的肌肉拉伤，还会增强动作的效果；力量练习后要配合松弛和伸长肌肉的练习，以保证肌肉线条的优美……另外，基本动作的训练也应该是全面性的，不能因为某个部位的动作较难、在舞蹈中应用较多或较重要就进行过多的练习，也不能因为某个部位的动作不重要就忽略。适当合理地安排舞蹈技能训练，是指既能够满足训练的目的和要求，还能符合幼儿身体的实际接受能力，这样才能达到良好的训练效果。

3．注重动作符合幼儿的心理发展规律

幼儿时代是游戏的时代，趣味成了他们乐于参加活动的准则。这就需要依靠有效的趣味性教学调动幼儿的积极性和主动性，使之充满热情地参与舞蹈技能训练。

当幼儿带着他们特有的好奇、好动、好模仿、好想象、天真活泼、好恶分明等心理特征进行舞蹈技能训练的时候，教师则要顺应他们这些心理发展的特点，运用适合幼儿心理发展的教育方法和手段，编排符合幼儿心理发展水平的动作，这样才能真正使幼儿获得身体活动的经验，培养他们良好的动作协调性和灵活性。

（三）基本技能训练应要点

1．科学教学

幼儿舞蹈技能训练课程，对于幼儿来说应该算是很艰苦、很枯燥的一门课程。如何使幼儿产生积极的学习欲望，使枯燥变为生动，是需要教师深入思考的。

（1）舞蹈基本技能训练不同于其他知识的传授，它不仅需要用肢体语言表现，也需要用口语语言描述。因此，教师在教授动作时，不仅示范要完整、准确到位，还要能用生动的语言分析讲解动作。只有当幼儿用自己的肢体动作感受到舞蹈训

练带来的美好感受之后，才能对学习产生热爱之情。

（2）单一的教学方式和方法，常不能令幼儿保持很长时间的学习热情，应综合运用各种方式方法来激发幼儿的学习兴趣。例如，适当带领幼儿欣赏一些易懂的美妙的舞蹈片断；在学新舞蹈之前让幼儿倾听音乐旋律，了解音乐风格、节奏特点等；为幼儿配备道具、服装，感受学习的氛围；为幼儿创设情境，让他们一边表演故事情境，一边练习舞蹈的动作；请幼儿分组进行表演，以激发幼儿的表现欲望；请个别表现特别优秀的幼儿进行示范，引起幼儿之间相互模仿、共同进步的效应；等等。总之，科学的、不断变化的教学方法可以让幼儿始终保持在较高的兴趣浓度上。

2．教学步骤合理

在幼儿舞蹈技能训练中，每一个单一动作或组合动作的教学步骤均有自身的客观规律，具有其科学性，教师都应认识并遵循这一规律开展教学活动。那么，什么是合理的教学步骤呢？"由浅入深，由易到难，由简到繁，由局部到整体，由单一到组合，动作由原地到流动，速度由慢到快等"的步骤可以说就是合理的教学步骤。

一般来说，掌握新动作是一个循序渐进、逐步提高的过程，教学步骤过于烦琐或者一开始即练习"完成体"显然都是不适当的。前者不仅浪费时间，而且容易造成动作机械、不连贯的毛病；后者会使幼儿难以正确地完成动作。教学中应避免这两种倾向。教师在制定训练步骤时要根据教学对象的年龄、能力、理解力来设计。以幼儿学习"蛙跳步"为例，初学时要首先使幼儿掌握"蛙跳步"的基本脚步位置，然后要求掌握"蛙跳步"双起单落跳跃时动作起落的正确方法和舞姿，然后再逐步加上手臂的舞姿。又如，学习模仿小兔子跳跃的"蹦跳步"，它可分为两步进行教学：第一步先学习脚下的蹦跳步法，第二步配合双手在头上方的折腕动作（小兔子的长耳朵）。

3．教学时间合理

幼儿的注意与成人有所不同，是以无意注意占主导的，虽然有意注意发展的速度较快，但幼儿的注意力集中时间仍然较短，因此教师在组织舞蹈基本技能训练时必须考虑他们生理、心理发育的特点，合理地安排教学时间。

（1）在进行动作技能的训练时，连续实施的时间不能太长，对来讲一次长时间的休息不如多次较短的休息。因此，在活动当中，教师每教授完一组单元动作后都应让稍作休息调整。实践证明，把长时间的训练活动拆分为若干个短的时间段，会更加有利于幼儿的学习。

（2）其次，在训练过程中，不能简单地只以某一种方式为主，这其中可以伴以其他方式交替进行，以降低幼儿学习的紧张度。如教授动作时中间插入提问、讨论，练习过程中间插入游戏等。

组织幼儿舞蹈技能训练，教师既要考虑幼儿注意力的特点，合理安排教学时间，也必须重视幼儿有意注意的逐步培养与发展。

根据幼儿的动作发展特点，我们可以把幼儿舞蹈基本技能的训练分成三个学习阶段，各阶段之间互相联结，由易到难，具有顺序性和多样性。

幼儿舞蹈基本技能训练的上体动作包括：头部基本动作，具体包括仰头、低头、倾头、转头、摇头、点头、晃头等；上肢基本动作，具体包括上位、下位、前平位、前斜上位、前斜下位、旁平位、旁斜上位、旁斜下位、后斜下位等；基本手臂舞姿，具体包括小波浪、大波浪等。

幼儿舞蹈基本技能训练的下肢动作包括走步类，具体包括走步、踵趾步、碎步、娃娃步、踏点步、前进步、后退步、横移步等；跑跳类，具体包括蹦跳步、跳踢步、平踏步、进退步、吸跳步、横追步、小跑步等。

幼儿舞蹈基本技能训练的基本动物形象模仿包括小兔状、蛙状、小鱼状、小鸭状、小猫状、小狗状、小鸡状、小羊状、老鼠状、小马状、小鸟状、老虎状、孔雀状、小猴状等。

幼儿舞蹈基本技能训练的意义包括改善幼儿的自然体态、培养幼儿的基本身体素质、提高幼儿的舞蹈表现力。

幼儿舞蹈基本技能训练的原则包括强调动作的规范性、强调动作符合幼儿的身体及心理发展规律。

幼儿舞蹈基本技能训练应注意的问题包括采用科学的教学方法，合理地安排教学步骤及教学时间。

第五章 幼儿舞蹈教学方法与表演技巧

舞蹈是一种美的艺术，它有很强的感染力，同时舞蹈教育作为艺术领域的一部分，由于幼儿生理和心理的特殊性决定了幼儿舞蹈与成人舞蹈有本质的区别，本章从幼儿舞蹈教学的概述入手，分析了幼儿舞蹈的教学法的种类，论述了幼儿舞蹈教学的指导策略，探讨了幼儿舞蹈的技巧，对幼儿舞蹈教学方法与表演技巧进行了多维度的诠释。

第一节 幼儿舞蹈教学法的概述

一、幼儿舞蹈教学意义

（一） 幼儿舞蹈的作用

幼儿的年龄段在 3~6 岁，此阶段正处于身体与心理各方面发展的初期。从生理学的角度来看，开展幼儿舞蹈教育不但能提高幼儿的注意力和观察力，而且能培养幼儿的创新思维能力，另一方面从教育学的角度来看，幼儿舞蹈教学还能够帮助幼儿对自然、社会和生活进行初步的了解与认识。

（二） 幼儿舞蹈教学的意义

1. 提升幼儿的道德品德

在具有教学意义的幼儿舞蹈教学中，教师可以通过舞蹈教学方法在轻松活泼的氛围中不断提升幼儿的道德品质。

2．培养幼儿的审美情趣

审美情趣的构造是多种心理生理机能相结合的一种体验，幼儿能够通过舞蹈教学将人体表情、姿态、动作与内心体验等多方面进行综合调节，是幼儿进行具有童心的审美情趣培养的重要手段。

3．促进幼儿的智力发展以及增强幼儿的体质

爱动、爱跳是幼儿的特有天性，舞蹈是由肢体动作的不断组合连接、美化与提炼而构造的人体动作艺术的一种表现形式，通过幼儿舞蹈教学，有助于幼儿激发对美好事物的想象力，从而更好地提升幼儿的智力发展。舞蹈也需要进行专业系统的训练，在训练的过程中科学、协调的舞蹈训练也是对幼儿自身体质的锻炼。

二、幼儿舞蹈教学着重点

根据幼儿的年龄特点，幼儿舞蹈教学不同于其他时期学生教学，它需要根据幼儿自身的生理特点与心理特点有针对性地进行教学。从生理特点的角度来看，幼儿处于人生中生理发展的特殊阶段，肢体的协调与对音乐的感知能力等方面都有待提高。从心理学的角度来看，幼儿处于人生的初级阶段，对事物的认知能力不够，缺乏生活体验，因此在舞蹈动作设计和编排上要形象生动和简单易学。

幼儿针对舞蹈学习具有直观性、形象性和模仿性。幼儿认识舞蹈是从生动有趣的形象动作开始的，如孔雀开屏、小河流水、杨柳随风飘动等。往往一个舞姿动作做出来幼儿一眼就能辨认出是孔雀还是蝴蝶，是小鸡还是小猫。幼儿时期幼儿会对生活中存在的任何事物充满天性的好奇心，而且他们也非常热衷于去发现和探索生活中感兴趣的事物。所以，幼儿舞蹈教师必须围绕这些特点有针对性地

进行幼儿舞蹈教学。

三、幼儿在舞蹈教学过程中的特点

（一）幼儿的年龄和生理特点

在幼儿普及舞蹈教育阶段，一般幼儿学习舞蹈的年龄从 4 岁，根据幼儿的不同情况稍作调整。幼儿在这个年龄段对于知识的理解和容纳都是有限的，在小班刚开始学习，幼儿要对自己的身体有初步的认识，明白完成一个舞蹈动作可以运用身体的哪些部位，如上肢包括头、颈、肩、胸、腰等，上肢包括大臂、肘、小臂、手、腕、指等，下肢包括大腿、小腿、膝盖、脚踝、脚趾等。要对教室的 8 个方位有所了解，听到教师的口令后找到准确的方位。对音乐的节拍有所认识，并能按照音乐的节拍做动作。随着幼儿的年龄有所增长，中班的舞蹈学习的能力不断加强，同时身体的能力也开始不断地加强，在这个年龄段仍然处于舞蹈的启蒙阶段，幼儿的学习时间和接受能力还相对较弱，对于幼儿的学习强度不能过大，让幼儿理解自身的方位（前、后、左、右、上、下、旁、平、斜）等位置。让幼儿初步达到身体时的直立感，舞蹈体态的学习在舞蹈基础阶段是非常重要的，让幼儿的身形得到正确方法的锻炼，也是美育教育的一部分，这是其他素质教育中不能完成的学习内容。大班阶段是幼儿心理生理各方面发展最为快速的一个时期，幼儿的理解力和感受力都会有很大的飞跃，可适当增加学习强度和舞蹈的内容，为接下来的儿童舞蹈学习做准备。

启蒙教育阶段的幼儿，因为年龄比较小，对于事物的理解能力较慢，所以舞蹈老师的课程设置要相对科学，上课内容不能超出本年龄段幼儿的接受能力。

在小班到大班幼儿的教学中，舞蹈老师要准确掌握这个年龄段学员的生理特点，从而更好地安排自己的授课内容，达到自身的教学目的。小班幼儿的生理还没有发育成熟，骨骼和肌肉都在快速的生长阶段，骨骼比较软也比较脆，就像春天里刚从泥土中钻出的小嫩芽，是非常容易受伤的，在这时进行舞蹈学习不正确的练习方法，容易对幼儿的身体造成伤害，造成骨骼的变形或者肌肉的拉伤，会为幼儿的成长造成影响。同时，学习强度必须在幼儿的接受范围之内，让幼儿的身体得到适应。这个阶段主要是采取兴趣培养的方式，让幼儿带着愉悦的心态学习舞蹈，培养幼儿载歌载舞的习惯。

（二）　幼儿对于舞蹈的关注力

幼儿对幼儿舞蹈教育往往会有很强的好奇心，会对一切没有见过的新鲜事物产生好奇感，并且容易对这些事物进行观察和模仿，幼儿在上课的时候他们的关注力会非常快地消失，或会突然被教学中出现的状况所吸引，而不一定会把所有的关注力都用于老师的舞蹈教学过程中。比如，他们关注于今天老师上课穿了一件颜色特别鲜艳的衣服；今天热身的环节老师用了一个新的音乐；有个小朋友迟到了，大家会立马全部看向门口的那个小朋友；有一个小朋友说老师我要上厕所，其他的小朋友就也要上厕所，等等。这就需要舞蹈老师在上课过程中经常变化教学环节的内容，通过多种教学方法，调动幼儿的学习兴趣。

（三）　幼儿心理的特殊性

启蒙阶段的幼儿，舞蹈老师授课时一定要了解这个年龄段幼儿的心理特征和特点，他们往往好奇心强，喜欢模仿，喜欢被表扬，注意力不容易集中，容易受到外界的干扰，自控能力差。前边章节在幼儿舞蹈教学的幼儿心理特征进行了论述，这里不再赘述。

由于启蒙阶段的幼儿年龄还比较小，他们的注意力维持时间比较短，容易受到外界的干扰，当老师了解到这一心理特点后，就要对一堂课的组织进行比较精细的安排，比如说根据音乐联系节拍反应，或者在音乐中自己编一个小故事进行舞蹈，或者进行舞蹈组合的训练等。

启蒙阶段的幼儿舞蹈教育中，幼儿的注意力相对比较差，自控能力也比较差，这就需要教师通过饱满的热情感染幼儿，运用幽默风趣的语言吸引幼儿，时刻观察每一个幼儿的上课表现，对他们进行耐心细致的引导。

第二节　幼儿舞蹈教学法的种类

舞蹈是一种美的艺术，它有很强的感染力，同时舞蹈教育作为艺术领域的一部分，在其他不同艺术领域的交织过程中发挥着中介作用。这种中介作用是其他各领域都不能代替的。因此，正确的、系统化的舞蹈教学来发掘幼儿的潜能，塑造幼儿健康活泼的个性，促进幼儿全方面的发展，使舞蹈教育真正成为各教育领域之间联系的纽带。

舞蹈教育对提高幼儿的审美感知、审美表现、审美创造能力，促进幼儿健全人格形成有着十分重要的作用。兴趣培养是进行舞蹈教育的重要前提，要想激发学生的兴趣，就要大胆、科学、不断地尝试新的教学法，在幼儿舞蹈教学中一般可以采取以下几种方法。

一、舞蹈教学中的一般教学方法

（一）口传身教教学法

舞蹈是肢体语言的一门艺术，它不光需要具备规范的动作，还要掌握相应的音乐节奏。在幼儿舞蹈教学中，幼儿自身的年龄特征与舞蹈的特殊性决定了口传身教的教学方式更能完成舞蹈教学的任务。大多数幼儿都不太喜欢受约束，对固定的舞蹈动作套路的掌握是非常不容易的，这就需要幼儿舞蹈教师在教学中掌握幼儿自身的特点，对幼儿进行有意识的舞蹈培养。

幼儿舞蹈的教学大多是通过"口传身教"来完成教学任务的。教学中，口传身教更应强化语言的艺术性和身教的规范性：口传的艺术性，语言准确、生动、精练、亲切；接下来重点阐述身教的过程，身教的规范性，示范动作到位、正确、完整。

1. 口传身教法的要点

（1）语言生动，动作形象化。每个舞姿动作都有相应的舞蹈专业术语，在幼儿舞蹈教学过程中教师要结合儿童舞蹈语言来进行教学，首先能让幼儿听得懂，其次是让幼儿做得到。

（2）动作规范，节奏鲜明。幼儿的世界是天真无邪的，往往是想到什么做什么，这时候需要教师正确指引和规范动作练习。在幼儿舞蹈教学中新动作的学习需要反复不断地练习，新动作学习不到位会直接影响后续动作的连接，动作之间错误的联系会对舞蹈整体的学习造成难以逆转的影响，一旦前期的动作学习不到位，后期想要转变过来就非常困难，也会影响舞蹈的整体学习。

2. 口传身教教学法的教学过程

（1）规范演示。

全面示范，动作规范到位，节奏要鲜明，要充满情感。如舞蹈《两只小熊》，老师在示范动作的时候就要感觉自己像是一只可爱的小熊在跳舞。又如舞蹈《上学堂》，老师先模仿学生上学去的动作、表情，体现上学的愉快心情，在幼儿脑海中留下深刻的印象，激发幼儿的兴趣，让幼儿更投入地表演。

（2）简化动作，具体启发。

动作逐步简化，具有启发性。在教学时一定要讲清楚动作的结构和要领，不要为了图快没有耐心讲解，在幼儿学习新动作时，可以要求他们反复练习，做到位了才换下一个动作。如果一开始就没学正确，使错误的联系与错误的痕迹形成，就会呈现顽固的特征，要彻底改变就非常不易。这是因为运动记忆不同于视觉符号的记忆，字形、语句、公式、动作……属于大脑对视觉符号的记忆，这方面的资料如果长时期不复习，就容易遗忘。如游泳、骑车、舞蹈动作属于肌肉运动的记忆，这方面的活动只要真正学会了，即使多年不接触，也不易遗忘。由此可见，运动记忆有一定的固执性，它本身又不能选择美与丑、正确与错误，只要是熟练的动作，它就会统统建立起动力定型。如果养成了错误的习惯，幼儿从小形成的错误动作到长大时不能彻底纠正过来的原因就在于此。

（3）优良的教师形象。

教师要具备良好的自身形象；教师对于幼儿思想和情感的影响价值是不言而喻的，教师的一言一行、一举一动，都将直接或间接地影响到幼儿心灵的成长和发育。舞蹈教师要不断充电，更新教育观念，学习新型的教学法、动作趋势，与时俱进，才能符合当前幼儿舞蹈教师的身份。

（二） 情景启发法

科学家爱因斯坦曾说过这样一句话，"想象力比知识更重要。因为知识是有限的，而想象力是概括着世界的一切，推动着进步，并且是知识进化的源泉。如果我没有青年时代的音乐教育，就不可能有现在科学上的成就"。知识的有限性与想象力的无限性给了幼儿教育一定的启示。情景启示法需要舞蹈教师在幼儿的舞蹈教学过程中，能够根据环境和音乐来对幼儿的创造力与想象力进行指引，教导幼儿学会通过舞蹈动作来表达自己对外界事物或内心情感的表达。舞蹈老师可以抛开教师课堂的限制，时常带幼儿到野外采风，根据幼儿对大自然的喜爱，培养幼儿的观察能力与创造能力。教会幼儿能够通过生活中的一些常见事物用自己的肢体语言进行描述。例如，小竹是如何突破重重岩石的压力破土而出的，小鹅是如何游泳的，柳叶是如何随风而摆动的，还有如何运用舞蹈动作来表现小鸟飞翔，小芽如何破土而出，被风吹动的枝叶如何摆动，公鸡是如何走路，鸭子是如何捕食，蜡烛如何燃烧，如何用肢体表现下雨等，在生活中积累舞蹈语汇，再对幼儿加以引导，使他们将这些现象用舞蹈语素表现出来。幼儿教师只有通过对幼儿自身理解能力与教学方法的结合才能有效地增强幼儿的舞蹈表现力。幼儿可以通过生活中的很多小事物、小细节得到启发，并在此基础上更能对舞蹈动作有一个全方位的了解，增加对舞蹈的喜爱。这也是幼儿舞蹈教师进行舞蹈教学的良好素材。音乐的教育对发现伟大的相对论也有着重要的作用，由此可见，培养幼儿的想象力和创造力是十分重要的。

（三）　角色转换法

在幼儿舞蹈教学过程中，幼儿舞蹈教师要做好角色转换和换位思考等，学会在平时的教学中引导和启发幼儿在舞蹈方面的学习。肢体是舞蹈的主要部分，离开肢体就脱离了舞蹈的真正含义。在幼儿舞蹈中教师是舞蹈的中介者，但也不能忽视了幼儿的主观能动性，应以幼儿为主、教师为辅的形式进行教学。幼儿舞曲大多数都是浅显易懂，边放音乐边引导幼儿通过在动的过程中去释放自己的身体能量。而教师在适当时候给予传授些专业的舞蹈知识，并进行点评。例如，在舞蹈《萤火虫》的教学中，教师就可以通过在播放《萤火虫》舞曲的氛围下，通过一些语言和情景的设计来对学生进行间接的指引。"你们见过萤火虫吗？""你们知道萤火虫会飞吗？""它们闪闪发光会不会觉得像天上的什么啊？"舞蹈教师的指引加上美妙的幼儿舞曲，让学生能主动地参与到舞蹈的学习中来，从而激发学生的学习兴趣，也开发了学生的想象力和创作力，从而达到教学目的。

（四）　游戏教学法

著名的幼儿教育学家蒙台梭利说过："儿童游戏活动是幼儿教育的关键。"蒙台梭利认为，只有在儿童游戏活动中音乐、身体、运动三者之间的结合是最容易的。儿童在游戏的过程中学习更能构建轻松愉悦的学习氛围，在这种寓教于乐的学习氛围中幼儿会感到特别亲切和自然，从而对幼儿学习舞蹈的积极性带来潜移默化的影响。幼儿舞蹈教学从另外一个角度来看其实就是幼儿游戏的一种高级形式。游戏是幼儿自发的一种行为活动，它属于幼儿与生俱来的天性。游戏教学能从小培养幼儿的团队合作的习惯，往往游戏都是以团队或小组为基准的活动，要想做到更好或取得胜利，那么就必须大家团结合作，所以游戏教学法既培养了幼儿的独立思维能力，也培养了幼儿良好的习惯。

幼儿的年龄特征与心理发展特征决定了游戏是舞蹈教学中重要的一种方法。

达尔克罗兹的幼儿教育观认为，身体运动、音乐和儿童的游戏活动最易于结合。游戏活动可以使幼儿感到自然而有趣，有利于教师在宽松的气氛中有意识地塑造幼儿的个性和气质，培养其想象力和创造力。

（五）欣赏教学法：讲述法和观察法

教学法在舞蹈教学中占有重要地位，它有利于师生之间的情感交流。讲述法，一般应用于舞蹈作品的分析以及对舞蹈作品的时代背景、社会价值和艺术价值的介绍。教师讲述时，可以通过讲故事的方法吸引幼儿的注意力，讲述时语言一定要生动、有趣、简练；观察法是通过对舞蹈作品的录像以及舞台上的舞蹈进行观赏的活动，利用图片、电视、录像等多媒体手段让情景更真实，使幼儿身临其境。幼儿通过对舞蹈作品的观察，而对舞蹈作品产生形象了解，可以提高他们的学习兴趣，拓展他们的视野。

（六）练习教学法

让幼儿自己做动作，首先教师要明确练习要点，进行必要的示范，然后由幼儿进行集体或个别练习，教师辅以指导。在练习时教师可以在幼儿中选出小老师，由小老师带领其他幼儿一起练习，这样可以培养幼儿的集体感和组织能力。接下来，师生共同对练习情况进行分析、评价总结，并提出改进方法及要求，反复练习以达到完美。反复练习的过程，既是身体运动的过程，也是用脑的过程。"舞蹈是一门人体运动的艺术，又是一门心智技能与动作技能有机地结合在一起的表现艺术。所谓动作技能是指由一系列特定的动作方式构成的动作系统，它们需要身体各个部位一连串动作的互相配合与协调，它是通过反复练习而获得的。所谓心智技能是指人的认识活动，包括感觉、知觉、记忆、思维和想象等。舞蹈是在心智技能的指导、调节和制约下通过动作技能和技巧表达思想内容和情绪感的。这两种技能又是互相渗透、彼此补充、不可分割的。不过无论是动作技能还是心智技能都是通过后天学习而获得的，并不是先天赐予的。"①

练习时在做动作的过程中，由身体运动和各种姿势作用于肌肉肌腱、韧带和关节从而产生神经兴奋，这种兴奋传入大脑皮层引起运动感觉。这种感觉是人体运动中的必然产物，也是指导动作重要因素，它能帮助体验到身体各部分用力的大小、幅度、方向和速度等，正确的运动感觉是幼儿学习舞蹈动作的正确信号刺激。

（七）模仿教学法

模仿是社会学习的基础，有专家指出，要让幼儿舞蹈教育科学发展，从舞蹈中提高幼儿的行为发展和思维发展，模仿是关键。模仿在幼儿舞蹈教育中不仅是幼儿舞蹈学习的基础，也是幼儿舞蹈教师提高幼儿舞蹈教学水平的关键，更能在舞蹈教学中开拓幼儿的思维和培养幼儿的艺术审美认知。模仿教学法是指在舞蹈教学的过程中让幼儿学会模仿。幼儿在看见自己喜欢感兴趣的事物时非常乐意去模仿和探索。例如舞蹈小花猫组合，双手五指张开放在脸旁，手臂来回拉动，就像小猫的胡须不停晃动一样；双膝跪地，双手伸直从胸前向头顶划开，慢慢收回，好似刚睡醒伸懒腰的小猫；小手拉小手一起转圈圈更像是一群在游戏的小花猫。模仿是培养幼儿舞蹈学习的基础。

（八）鼓励教学法

每个学生在学生时期都希望能得到老师的肯定或赞美，幼儿时期更是如此。老师的一个肯定和赞美或许是选择继续认真学习下去的源泉和动力，幼儿舞蹈教学更需要这种鼓励。在舞蹈教学过程中适当的肯定和赞美有利于幼儿舞蹈学习自信心的培养。舞蹈教学本身就是一个不断创新和探索的过程，在幼儿的舞蹈教学中只有多种方法相结合，并且综合地进行运用，才能更好地实现幼儿舞蹈教学的目标，提高幼儿对舞蹈学习的兴趣。

综上所述，在舞蹈教学中，教师通过舞蹈示范、舞蹈情景启发、角色转换、

①吕艺生.《舞蹈教育学》[M].上海：上海音乐出版社，2015.

游戏教学、舞蹈欣赏、舞蹈练习等丰富多样的教学方法，调动幼儿全身的多种器官，在提高兴趣、注意力的同时，更强调了大脑高度的集中去支配身躯，以表达各种动作和情感。要注重研究幼儿的个性心理特点，了解幼儿的个性差异，有计划、有目的、有步骤地对幼儿进行教学。舞蹈能启迪智慧、陶冶幼儿性格和品德。要让幼儿喜欢它，对舞蹈感兴趣。在舞蹈教学的过程中，我们要继续探索出更有效的教育方法，使每一位幼儿对舞蹈都感兴趣。

素质教育是我国社会主义现代化发展的必然需求，从娃娃抓起也成为素质教育的一项核心内容。随着我国对幼儿教育的投入力度与关注不断加大，对一线幼儿舞蹈教师的要求也更为全面、更为专业。幼儿舞蹈教师不仅需要对幼儿进行舞蹈专业知识方面的传授，还应根据幼儿本身的心理与生理发展特点进行有针对性的教学，这就需要对幼儿的美育教育方面进行科学全面的培养。在全面培养幼儿审美感知能力以及美育创造能力的过程中，幼儿舞蹈教师通过不断尝试新的教学方法以及利用自身的专业技能，结合学生的各方面特点进行大胆尝试和不断创新，才能进一步获得舞蹈教学的成功。

二、认知当代教育的创新方法

（一）认知指引教学

当代幼儿舞蹈教育实践中指引教学的创新方法总结起来可以归纳为三种，即口语指引教学方法、道具指引教学方法、视听材料指引教学方法。

1. 口语指引教学

口语指引教学方法是指教师用语言指引幼儿探索动作、自我表达的方法，它是激发幼儿动作创造最常用也是最重要的方法。

口语指引教学方法中较常使用的是意象指引法。"意象在此指的是脑海中的图像，其根植于过去的认知与经验，可以随时将信息烙印再现于脑中。而透过言语指引出意象，进而刺激动作的学习与开发，是经常运用于幼儿舞蹈教学的主要方式之一，特别是在强调创造性的舞蹈方面。"如此，意象指引法就是教师用言语表达意象，指引幼儿用动作表现意象的舞蹈教育方法。

意象指引教学法在幼儿舞蹈教育中的运用解决了幼儿舞蹈经验不足的问题，它为幼儿打开了丰富的表现之口；意象指引的方法利用了幼儿天马行空的想象力与自由无碍的表现力，使幼儿能够在舞蹈课堂中尽情表现其天性与潜能；意象指引的方法符合幼儿情绪具有易泛化、易弥散的特点，使幼儿很容易进入学习情境，在情境中弥散情感。因此，意象指引是适合幼儿舞蹈教学的重要方法。

可指引的意象内容是极为丰富的，包括各种礼貌动作、达意动作、情绪动作、工作动作的意象以及自然界中的花鸟树木的形态、风雨雷电的现象等意象，还包括人类衣、食、住、行活动中的种种意象。

意象指引法的使用方法如下：

方法一：由意象指引出具体的动作。由意象指引出具体动作指的是教师运用言语表达出意象，幼儿根据意象表现出动作。意象指引法可以是针对意象指引方法的根本目的，是让幼儿自发自主地体验和探索舞蹈要素，因此意象的选择要依据所需培养的要素而定，并且意象的表达要准确且形象。例如，为了让幼儿探索背的运动方式，教师会用狗背、猫背等意象指引学生用动作表现背的屈伸；为了让幼儿探索"跳"的不同方式，教师会让幼儿体验"爆米花""烟火"的跳跃；为了让幼儿探索各部位关节的活动方式，教师让幼儿用动作表现"八爪鱼"的运动的形态；为了让幼儿体验动作的空间要素，教师让幼儿表现"投篮"和"打保龄球"的意象；为了让幼儿体验动作的轻重质感，教师让幼儿表演"大象"与"小猴子"的行动。运用由意象指引方法，能够让幼儿对动作要素进行准确的表达和清晰的感知。

方法二：由动作指引出意象。由动作指引出意象是指教师先做动作，请幼儿想象动作所表现的内容是什么。一方面，此教学方法在舞蹈教育中常作为主题的"引子"，激发幼儿的好奇心和表现欲。例如，教师先表演一段孔雀舞，让幼儿猜教师表演的是什么。然后问幼儿还可以怎样用动作表现。另一方面，由动作指引出意象的教学方法常用于小班教学中，该年龄段的幼儿有的会害羞、陌生人恐惧、愧疚、分离焦虑等，因此在舞蹈活动中不能积极主动地表现，需要幼儿教师采用动作引出意象的教学方法。此教学方法能够丰富幼儿的动作经验，使幼儿顺利地进入创造与想象的舞蹈活动中。

方法三：情境意象指引。情境意象是指教师对生活内容、自然现象、运动过程进行完整的、情境性的表达，通过完整的意象表达，使幼儿能由单一的动作探索发展为动作组合的探索。运用小鱼快乐游动、遇到鲨鱼、躲避鲨鱼、继续游动的完整的情境意象引导幼儿表演。可以说，情境意象指引适用于幼儿舞蹈教学中，它能以故事的形式激发幼儿舞蹈表演的兴趣。

舞蹈教学中教师的表达原则包括激励原则、限制原则、准确原则、扩展性原则、肯定性原则、情感性原则。

（1）激励性原则。例如，教师会说："呼啦圈所放的地方，是我朋友的家，很厉害的小朋友才能进去。怎么才可以从绿色到红色呢？"适当的激励可以激发幼儿的好胜欲，从而增强幼儿的参与性。

（2）限制性原则。限制性原则是激发创造力的有效途径，例如，为让幼儿尝试更多使用气球舞蹈的方法，教师会说："请大家用除手之外的任意一个地方将气球抛起再接住，跟着音乐而舞。"

（3）准确性原则。准确性不仅仅指意象表述要与训练元素准确对应，还指在教学过程中帮助幼儿修订自己的动作。例如，舞蹈教师在一位学生探索了新的动作之后会向幼儿提问："手是在哪儿？在胸前还是颈部？腿是在哪？朝前还是朝后？头在哪？头是抬头还是低头？"经过一系列的提问后，幼儿修订了自己的动作，对自己的身体有了进一步的感知。

（4）扩展性原则。例如，教师会经常使用"你可以跳得更轻吗？""你可以向前做吗？""你可以幅度更大吗？""你可以使身体更柔软吗？"等引导语，通过这样的提问帮助幼儿提升动作技能。

（5）肯定性原则。幼儿是在能够在遇见成功可能性的活动中发展自己，教师要在教学过程中使用赞扬性和肯定性的语言及时赞赏儿童。常用的语言有"我欣赏你的……""我认同你的……""我尊重你的……""我坚信你的……"等。

（6）情感性原则。幼儿喜欢夸张、充满情感的、抑扬顿挫的语调，使用送样的语调能够将幼儿带入表演的情境中。

2. 道具指引教学

所谓的道具指引就是教师运用道具指引幼儿动作表现的方法，它是激发幼儿动作创造力的关键方法。道具可以是生活中的物件，如气球、不倒翁、陀螺、呼啦圈、手绢、纸等；也可以是表演艺术中的道具，如彩带、手腕花、扇子等。生活类道具是创造性舞蹈教学中经常使用的，它符合艺术主张即可，能够减弱幼儿的心理防御，使幼儿灵活运用道具表现。例如，舞蹈的教师喜欢用气球作为道具，先让幼儿吹气球，观察气球从小到大的变化过程，再让幼儿"变成"各种形状的气球，由老师或其他小朋友往里面吹起，被吹气后幼儿动作幅度逐渐放大，身体越来越紧，最后气球被放气，幼儿由高空向低空速旋转，最后平躺在地上。又如以陀螺为道具，幼儿教师让幼儿先玩陀螺，观察陀螺是如何旋转的，然后让幼儿探索能像陀螺一样原地或行进地旋转的方法。还有，以不倒翁为道具，教师让幼儿先玩不倒翁，然后用身体体验不倒翁的重也倾倒的动作，最后将动作创编成小的舞蹈组合。

由以上教学课例可知，以道具作为指引动作创造的方法要遵循以下三个基本过程。

（1）使用道具，观察道具的变化及"运动"原理。

（2）模拟道具，鼓励幼儿用身体模拟道具的质感、运动过程等，这是激发幼儿创造力的关键环节。

（3）对道具进行创造性应用（以呼啦圈为例，探索创造性的使用呼啦圈的方法：将呼啦圈套在身体其他部位转动；将呼啦圈想象成汽车方向盘、山洞、游泳圈等）。

道具的选择也可从如下两方面选择：其一，能与动作元素相对应的道具：气球（空间与力量）、陀螺（转）、不倒翁等；其二，能够激发幼儿创造与想象的道具，例如丝巾（一块简单的丝巾能够变成一块斗篷、船帆、围裙或装满了从室外寻找到的财宝的桌布）。

3. 视听指引教学

视听材料指引法指的是利用视觉材料、听觉材料指引幼儿探索动作的方法。视觉材料包括图片、视频、照片、画报、雕塑等；听觉材料包括含音乐在内的各种声音的指引。

视觉材料指引方法一般与意象指引方法相结合。由于小、中、大班的幼儿生活经验、审美经验较少，意象指引的方法具有一定局限性，根据幼儿经验性学习的原理，需要在课堂上提供这些材料，帮助幼儿现场建构经验，让幼儿对所要表达的意象有直观的感官体验，进而再进行动作的探索与创造。这一方法符合幼儿学习的过程是经验的建构过程这一教育原理。

可用于引导的听觉材料是极其丰富的。内容包括：音乐歌词（让幼儿用动作表演歌词内容）、音效（让幼儿听自然界风声、雨声、雷鸣声、闪电声、树叶摇曳声、雨滴落的声音、火山爆发的声音做出相对应的动作；让幼儿听动物的声音，如鸟叫的声音、狼吼的声音、蛇爬行的声音、狗叫的声音、海豚的声音模拟出动物的造型及活动形态；让幼儿听打铁声、车辆行驶声、玻璃碎裂声、纺织声等，做出具体动作；让幼儿听人的咳嗽声、小孩的哭声、老者的说话声，模拟出不同质感的形态）、乐器（让幼儿以动作反应不同质感的音乐；让幼儿用动作表现出听到的乐器造型）。

（二）认知小游戏教学

由当代幼儿舞蹈教育内涵可知，幼儿舞蹈教育应与幼儿游戏相结合。考察当代创新的幼儿游戏舞蹈教学，可将其分为元素游戏教学方法、表演游戏教学方法、规则游戏教学方法三类，而这三类游戏教学方法十分适合幼儿舞蹈的教学应用。

1. 元素小游戏教学法

元素小游戏指的是教师组织小游戏的活动，让幼儿在游戏中体验和探索动作元素。

第一，元素游戏能让幼儿舞蹈教育更具科学性。同时，它使得幼儿舞蹈教育更具教育性。从动作的元素探索出发，让幼儿积累感知觉经验，致使其智能也得到发展。

第二，使幼儿舞蹈教育更具包容性。因为没有固定的动作语汇的限定，幼儿能够充分地展现其个性。

第三，使幼儿舞蹈教育更具人的本性。在有准备的、开放的环境中，幼儿的主观能动性得到充分的发挥。

元素游戏教学探索的内容包括身体部位的运动方式、移位动作、不移位动作、动作造型、动作的节奏、动作的时间性、动作的空间变化、动作的质感、动作与环境或人之间的关系等，而组织元素游戏可使用的具体方法有以下几种。

（1）动作交替法。

动作交替法指的是移位与不移位动作交替舞蹈的方法。通常幼儿舞蹈教学的移位动作有走、跑、跳、单脚跳、双脚跳、跑跳、大跃步、滑步，不移位动作有延伸、扭转、摇滚、摇摆、摆荡、旋转。但是幼儿可探的移位动作与不移位动作还有很多，包括移位运动的行走、跑步、跳、跳高、端跳、飞跑、跳跃和滑行。不移位运动的曲身、伸展、扭动、转身、摇摆、弯曲、做手势和制动。具体的教学活动中，能让幼儿探索和创造走、跑、跳、滑、扭转、摇滚的动作样式，然后规定幼儿使用移位与不移位动作交替表演（例如，教师要求幼儿连续性地做出如下动作：走、转身、双脚跳、摇摆、大跃步、转）。幼儿探索动作之后发现，自己也能成为伟大的"舞者"，可以在空间中有意识、有规则地舞蹈。

（2）部位探索法。

部位探索指的是身体各部位逐步探索运动方式的方法。通常对身体可运动的部位详细地划分为肘关节、膝关节、手腕、脚踝、肩关节、四肢、脊椎、胸部、腹部、骨盆、头颈，并利用意象指引法，让幼儿逐步探索这些身体部位可运动的范围、方式和轨迹。例如《八爪鱼》，可以让幼儿面朝上躺地体验脚踝与手腕的延伸与弯曲、手肘与膝盖的推拉运动、肩关节与手臂的 360° 滑动、膝关节与大腿的 360°绕动，然后让幼儿将体验过的动作串联起来，像八爪鱼一样舞蹈；《猫和狗的故事》，可以让幼儿探索脊椎的运动方式，如伸背、拱背、弧背等；《小跳蛙》，可以让幼儿探索腹部的运动方式：腹肌支撑、收缩放松、绕圈；《公共汽车》，可以让幼儿探索骨盆的运动方式：躺顶、坐摇、站跷、跳等①。

以上方法适用于大班的幼儿，对于年龄较小的幼儿来说，部位探索的目的是让幼儿熟悉身体各部位的位置与名称。例如在可以组织亲子舞蹈课，教师可以说："身体大印章，盖在妈妈的肚子上；盖在妈妈的胳膊上；用屁股盖在妈妈的后背上……"在幼儿舞蹈课程中，教师让幼儿听音乐，听到 Sol 就拍头、听到 Mi 就拍肚子、听到 Do 就拍脚。如此，幼儿就能在这 3 个音组成的旋律中快乐舞动。

（3）元素对比法。

元素对比法指的是元素游戏的舞蹈，教师常常使用对比的方式让幼儿进行元素体验。通常元素对比法常用于动作的时间、空间、力效要素的探索上。具体地讲就是将时间的快与慢、动与静、空间的高与低、动作的轻与重等的体验作为游戏教学的内容。例如，舞蹈教学活动可以利用《跟着老师走》这首幼儿歌曲，让幼儿探索动作的动与静，根据音乐的速度不同移动，在音乐突然停止时，立刻做出静止的动作；《天才小鼓手》，让幼儿探索动作的轻与重，在强音时做出强烈而有力的弹射、打击的动作，弱音时做出较弱的动作，在此基础上要求两个身体部位同时完成上述体验）；《小松鼠的早餐》让幼儿探索空间的高低，模拟小松鼠爬树的动作，单脚抬起双手放于胸前，做出上爬和下爬的动作；《升降皮球》让幼儿探索空间的高低，幼儿想象自己是皮球在高空间与低空间中弹动等。还如有的舞蹈活动可以通过选择适当的曲目进行舞蹈，通过《跷跷板》让幼儿探索动作的轻与重，两个幼儿为一组，音乐停止时，一个做出"强有力"的造型，一个做出"弱而无力"的造型；让幼儿探索动作的动与静，幼儿散落在教师四周，音乐开始时快速舞动，音乐结束时做静止的造型；让幼儿探索动作的时间性，规定不同的节奏，让幼儿充分体验慢的动作质感。

（4）形象关联法。

---

① 李宗巧. 就是要跳舞——创造性舞蹈体验[M]. 北京：社会科学文献出版社，2014.

幼儿的身体特点决定了对动作元素的探索不能像成人一样进行抽象地组织与表达，他必须借助一定的形象而形成直观的感受。例如，让幼儿体验动作在水平空间上的变化，教师运用了小松鼠爬树、皮球升降传递形象；为探索不同的动作，不停变化动作的教师让幼儿想象大象的重与猫咪的轻；为探索时间的变化，教师利用了马儿奔跑时突然跳跃的意象；幼儿模拟马的奔跑，并以马的跳跃反应音乐的强音；为体验动作在空间的变化范围与不同质感，教师利用了气球的轻柔飘动，幼儿以身体各部位将气球向上托，模仿气球的轻柔飘动；为探索动作的空间轨迹，教师利用了某一幼儿熟知的动画人物形象。做出运动轨迹。形象不一定是具体物象，也可是情绪的体验。

（5）规定音乐法。

从以上课例可知，幼儿的元素游戏，常常将音乐作为联系的媒介。例如：教师让幼儿听到高音往 A 处跳跃并摆出高空间的造型，听到低音往 B 处跳跃同时摆出低空间的造型；教师使用不同质感的音乐让幼儿用动作表现这种质感；教师让学生"跟着音乐走"，音乐起则动，音乐停则停；教师让幼儿模仿马儿跑，在听到强音时跳跃等。可见，元素游戏要重视音乐指引的方法与意义。

2．表演小游戏教学

表演游戏是指教学的考量从要表现的内容出发，而非从舞蹈形式、元素出发。组织表演游戏的教学方法有同类法与发展法。

（1）类别法。

类别法指将自然界物、现象、活动分成不同的类别，选择其中一类别让幼儿依次表演此类中各种物的形态、各种现象的变化、各种动作活动的游戏组织方法。例如，让幼儿在一堂舞蹈课中装扮自然现象：风、雨、雷、电；装扮各种动物的行动方式如猴、猫、马、毛毛虫、兔子、乌龟、螃蟹、飞鸟等；装扮各种植物的造型如玫瑰、喇叭花、小草、垂柳、梧桐树；装扮秋千、滑梯、跷跷板、旋转木马等运动方式等。幼儿通过表演与装事物不仅增长了知识，也积累了丰富的动作经验。

（2）发展法。

发展法是指对某一事件、物、现象进行发展的舞蹈活动组织方法。表演的内容可从自然、动植物、衣、食、住、行的几大部分中选择。

发展的思路：从"是—做—感觉"三层面进行发展。如以水为主题指引幼儿的表演。第一步水是什么：水可以是水泡、水花、雨、瀑布；第二步做什么，吹水泡、玩水花、冲浪、游泳、淋雨；第三步感觉什么，游泳时水的阻力与浮力、海浪的波涛汹涌、漩涡的湍急。这一思路可用于幼儿表演游戏中。从衣、食、住、行来讲，"在食的元素里，面食如面条、水饺、包子，借由意象，可以让学生做出不同身体造型；想象自己是面条、水饺、包子，如何在水中或在蒸笼里被煮熟或者蒸熟；又如何一口口被吃掉。在衣的元素里，可以让幼儿想象自己是一件衣服，是什么特殊样式，被洗洗、被晾晒、被熨斗烫平、被折叠收纳的过程为怎么样的；以身体动作表现出来。可以让多人一组，想象自己是一种建材，共同完成房屋及几件家具的摆设……"

在舞蹈教学中也有发展法结构的使用，通过跳小动物的舞蹈，小舞步迅速移动，然后静止，表现观察危险。具体分析为：是什么小动物；小动物在做什么，快速移动，然后静止；感觉、观察危险。还有很多舞蹈游戏也使用了这样的策略，即提供给幼儿角色要表现的内容与情境，然后让幼儿依据自己的想象完整地表演舞蹈。

3. 规则小游戏教学法

规则游戏是指，与幼儿熟悉的规则性游戏活动相统合的舞蹈教学。应用规则游戏教学需要了解以下两个问题：规则游戏的选择和规则游戏的发展。

规则游戏的选择原则有两点。

第一，游戏是幼儿熟知且喜爱的。例如游戏"一二三木头人""钻山洞""红绿灯""跳格""石头剪刀布"等，幼儿喜欢玩这些游戏，并且清楚地知道游戏规则，这是规则舞蹈游戏的基础。

第二，这些游戏活动本身包含可探索的动作要素。例如，"一二三木头人"游戏中涵盖对动作的造型要素与时间要素的体验，"过山洞"游戏中涉及动作在水平空间与立体空间中变化的体验，"剪刀石头布"游戏中含有对动作造型要素的体验，"红绿灯"游戏中涉及动作时间要素的体验，"跳格游戏"中涉及创造移位性动作的体验。游戏的过程包含动作要素体验的过程，这是利用规则游戏进行舞蹈教学的基础。

规则游戏必须是发展的，仅仅在舞蹈课堂上按照原有规则做游戏是不够的，必须将其不断发展，梳理创新的规则游戏教学活动后，其发展的方法有如下几种。

（1）替换造型法。

替换造型法指的是在舞蹈活动中可以将游戏原来规定的造型进行替换的方法。例如"一二三木头人"游戏可以将"木头人"替换为"一二三小叮当""一二三唐老鸭""一二三蝙蝠侠""一二三孙悟空""一二三自由女神"等；在"红绿灯"游戏中可以让幼儿扮演成不同的交通工具参与游戏；在"石头剪刀布"游戏中，规定幼儿用胳膊、腿、脚或者全身表演剪刀、石头、布。

（2）从静到动的展法。

从静到动的发展指从不移位动作向移位动作发展的过程。如"一二三木头人"的游戏，原来游戏注重的是幼儿在音乐静止时快速反应造型的能力。为了对游戏进行发展，可以进一步规定幼儿在动作静止前所需要使用的移位动作，左右摇摆前进、单脚跳跃前进、滚动向前、垫脚小跑向前等。又如"石头剪刀布"游戏，为了对游戏进行发展，在幼儿体验完用身体不同部位表演剪刀、石头、布的造型后，规定幼儿在不同的行进动作中游戏。

（3）要素叠加法。

要素叠加法指的是在游戏原来的动作要素上叠加新的要素让幼儿体验的方法。

比如，在人们熟悉的"红绿灯"的游戏中，幼儿体验完移动、突然静止的动作后，教师规定好幼儿移动的地面轨迹（直线、曲线、折线、弧线），再规定幼儿必须用"强有力"的动作或"轻而弱"的动作移动，最后请两人一组"合体"造型并"合体"游戏。以上过程是在游戏原有的动作时间要素上依次叠加了动作的空间要素、力量要素、关系要素，使游戏活动更加多样。

（4）从一人到多人游戏发展法。

从一人到多人游戏发展法是指从单人游戏向多人游戏进行发展的方法。例如，在"钻山洞"游戏中，先让幼儿探索高、中、低空间的动作，再由一人扮山洞，一人过山洞，然后将游戏发展成多人游戏，一人过山洞，剩下的小朋友合作搭成一个大山洞，小朋友逐个体验。以上舞蹈活动是由一人游戏向双人游戏再向多人游戏发展的活动。

幼儿舞蹈教师可依据以上原则挑选规则游戏，并借鉴以上 4 种游戏发展的方法组织舞蹈活动。当然，方法的选择可以是单一的，也可以是对以上几种方法的综合运用。

（三） 认知开拓教学

创新的动作指引方法、游戏教学法能进行多渠道的应用和开拓，包括发展幼儿社会性能力、创新亲子舞蹈教学、开拓课程模式。

1．社会能力开拓教学方法

幼儿社会性能力，包含社会性情绪能力、社会性人际能力。社会性情绪能力指的是幼儿能感知自己的情绪、体察别人的情绪，能表达自己的情绪也能依据他人情绪调节自己的情绪，而社会性人际能力是指幼儿与他人的交流、沟通、合作能力。社会性能力开拓方法是指互动性动作体验的方式发展幼儿社会性情绪能力及人际能力的方法。

当代创新的舞蹈教育实践中，教育者利用幼儿与同伴间的互动性动作体验来发展幼儿的社会性能力。这是因为，幼儿在与同僚的互动性动作体验中能够体察和表现自己的情绪、了解和接受别人的情绪、改善自己的情绪并能积累和提升自己与他人交流及合作的经验与技能。幼儿社会性能力应用的具体方法划分为非接触性动作互动法和接触性动作互动法。

非接触性动作的互动指的是幼儿与同伴进行不接触的动作互动体验。代表性的游戏活动有"镜子游戏""身体对话游戏"。

"镜子游戏"的教学可以先将幼儿分成两组,面对面维持一定的距离,一为照镜人,一为镜中人。由照镜人先启动动作,镜中人几乎是同步反映动作。为了避免镜中人无法跟从,照镜人的动作不宜太快,每个幼儿需要经过照镜人及镜中人两种角色;第二步,照镜人和镜中人自己决定在教室相对的位置和彼此的距离,无论距离远近随时保持警觉,注意对方的动向和动作,以便立即予以回应。而照镜人引发的动作,需兼顾不同水平层次;第三步,除了将两人一起延伸至群体活动,一人照镜、多人回应之外,为了挑战更高难度,可让多人从不同角度,同时回应照镜人的动作;也可将平面镜改为凹凸镜,促使动作夸张、扭曲和变形。

"镜子游戏法"又可称为"映照法""影子法"。此方法能培养幼儿的领导意识与领导能力。"创意性舞蹈课程应该提高非言辞表达的技能、合作能力和主动的社会互动。例如,映照法(一个人反映表达同伴的动作)、影子法(跟随别人的动作),领导一个团体或跟随一个领导需要能力和意愿去创立新动作,或者跟着同伴和组织做动作,由此逐渐地产生合作。"同时,跟随他人动作的过程也是理解他人情绪、感受他人情绪同时进行情感回馈的过程。

"身体对话游戏",顾名思义,就是其他以身体动作进行"对话",可要求改变"对话"的速度、空间、方向,以及依据情感力度变化动作质感等。为了进一步拓展幼儿的社会性情绪能力,教师可给予固定的对话主题如"分享""感恩""理解""赞扬"等,让幼儿依据此主题进行对话。

接触性动作互动是指幼儿与同伴进行接触性的动作互动体验,教师利用此方法可发展幼儿的社会交往能力。代表性游戏活动有"气球游戏""身体大印章"[①]。

"气球游戏"能够发展出互动环节有:两个幼儿为一组,一人作"气球",另一人为吹气球的人,吹气球的人用手拍"气球"的某个身体部分,"气球"被拍到的部位就要向外延展、变大,直至所有的身体部位都"长大",两人轮流交换角色。"气球"被拍后"长大"的过程就是个体以动作对他人表达的回馈过程,此活动能够让幼儿学会尊重他人、感知他人、理解他人、配合他人。"身体大印章"引发

①参见云门舞集舞蹈教室. 回归身体[M]. 北京:生活・读书・新知三联书店,2012.

的身体互动环节有：两人一组，一人靠墙站好，变成一张不能乱动的"纸"，另一个人当"大印章"。游戏开始，发号施令："身体大印章，一只手盖在纸的膝盖上，另一手盖在纸的肩膀上。""身体大印章，一只脚盖在纸的屁股上，两只手盖在纸的双脚上。""身体大印章，双手双脚同时盖在纸的双手双脚上。"身体动作是人情绪、情感、认知、思想的外化，幼儿与同伴通过直接的身体接触能够发展友谊，提升沟通技能，建立彼此间的默契。因此，以上内容是培养幼儿社会能力的有效途径。

以接触性互动与非接触性互动培养幼儿社会交往能力的理念是幼儿通过动作互动会引起心理上的互动：身体连接可形成情感上的连接，动作的回应、跟随、对话可发展人际性的心理映射。

2. 开展亲子舞蹈，开拓教学

早期教育阶段极其重视家庭教育的意义。我国"幼儿园之父"陈鹤琴先生主张幼儿园教育要与家庭教育相结合；寻找有效的亲子舞蹈教学方法，是我国幼儿舞蹈教育创新的重要任务。当代创新的亲子舞蹈教学实践有如下两类：创造性亲子舞蹈法和家庭律动法。

创新的亲子舞蹈教育方法区别于我国传统亲子舞蹈教育方法的首要标志是亲子共同的创造性动作体验。教师应用口语、道具、视听材料指引法为家长和幼儿设计表演游戏，让幼儿与家长在具体情境中体验创造动作的快乐并以此建立身体的亲密依恋。

此教学分为三个步骤，分别是暖身、身体互动、亲亲宝贝。在课堂的第一个阶段，老师会透过简单的歌谣、口诀或辅助道具作为暖身，帮助幼儿很快地认识活动，带入课堂的主题。课程的第二个阶段，则着重在亲子之间的身体互动，不但有幼儿自己的练习，也有亲子双人的互相操作与协调合作，幼儿和家长都是参与者，互相激发创意，让学习的过程更加有趣。课程内容涵盖了身体部位，游玩，家事与生活，大自然，食物，交通工具，认知，节庆等，既有幼儿熟悉的生活事物，更循序渐进指引认知、观察力与表现力。在课程的最后的"亲亲宝贝"时间，以各种有趣的方式，让亲子做最直接的身体接触，除了增进亲子间的亲密感，还可以提升幼儿的触觉感官，并起到缓和幼儿上课亢奋情绪的作用。

以"飞机"主题为例，具体的课例结构是：暖身（先让幼儿趴在家长的大腿上，两腿夹住家长的腰部，幼儿腰部用力，做出飞机的形状），探索与互动（先让幼儿用身体展示自己飞化的形态，然后模仿飞机在空中飞行，途中遇到气流的情景，再鼓励家长和幼儿合作创作别样的飞机造型，亲亲宝贝（家长与亲子互相"擦机身"，给对方按摩身体）。

再以"超市购物"为例。暖身：教师首先让幼儿当"超市推车"，家长当推小车的人，让家长推着"小车"在教室中移动（幼儿与家长在移位互动中充分活动身体）。探索与互动：让幼儿表演超市中的食物、玩偶、生活用具等造型，家长用动作购买物品。亲亲宝贝：幼儿帮家长按摩，家长将幼儿抱在怀中随音乐摇摆。

以"毛毛虫"主题为例。暖身：家长与幼儿随音乐即兴舞动。探索与互动：家长先坐在地上，幼儿坐在家长的脚上，家长先屁股向后挪动，随后收脚同时带动幼儿移动，家长膝盖的伸、曲，像毛毛虫"行走"时一张一曲的身体。然后老师说唱歌谣（毛毛虫、毛毛虫、爬到树上找小虫，叽里咕噜滚下来），请亲子做出相应动作（有的家长让幼儿坐在自己的肚皮上前后晃动，有的家长抓着幼儿的手左右摆动，有的家长同幼儿一起招手；有的家长帮助坐在自己腿上的幼儿 180° 顺着小腿翻下）。

家庭律动是指亲子在自己家中进行的律动游戏，它最大的特点就是将亲子舞蹈的场地从教室搬至各自家中。例如，《亲子律动 40 招》一书中将家庭律动分为以下几个篇章：家务篇、玩耍篇、感觉篇、自然篇、睡前篇，并在每个篇章中介绍了丰富的律动活动。家务篇的活动有"上抹下擦"（家长伴随音乐在高低空间中擦擦抹抹，幼儿及时跟随家长的动作）；"洗洗晾晒"（亲子随音乐洗洗晾晒，然后幼儿扮演"衣服"，家长扮演"晾衣架"，亲子探索不同的晾晒方式）；"玩具回家"（家长规定幼儿用手以外的部位运送玩具"回家"）；"拔萝卜"（家长扮演"萝卜"，幼儿扮演拔萝卜的兔子，舞蹈《拔萝卜》）；"万能喷水器"（家长在墙上、地上用水龙头喷出不同的轨迹，让幼儿跟随轨迹擦摸）等。玩耍篇的活动包括"过山洞"

（家长与幼儿钻家中的"山洞"，如桌子、凳子、沙发等，体验动作在立体空间上的变化）；"凌波舞"（家长与幼儿一起玩橡皮筋游戏，家长规定幼儿跳的方式和路线）；"去溜冰"（家长与幼儿一同模仿溜冰的姿势，并变化行进轨迹）；"热狗、包子、大饼"（家长要求幼儿及时反映以上造型）；"快递宅急送"（幼儿当邮递员，用不同的身体部位运送包裹）等。感觉篇的内容包括"猜猜我是谁"（和幼儿玩化妆舞会，并用触觉分辨人物）；"好听的声音"（家长放不同风格的音乐，并与幼儿随音乐舞蹈）；"天生打手"（跟着音乐的节奏扮演小鼓手）等。自然篇有"大小风筝"（幼儿扮演风等，家长扮演牵风筝的人，二者互动游戏）；"搭帐篷"（家长与幼儿轮流扮演帐篷或在帐篷中模仿小鸡出壳的过程）；"交通工具"（家长与幼儿模仿不同的交通工具）等。睡前篇的内容可包括"影子游戏"（家长教幼儿在墙上随音乐表演手影游戏，并与幼儿互动）；"抹乳液"（家长给幼儿抹乳液，并教幼儿认知不同身体部位的名称）；"睡前按摩"（家长与幼儿睡前按摩，建立亲密连接）等。

除以生活类别设计亲子律动活动外，还可从关键词中衍生出亲子律动活动。例如以"呼吸""拥抱""安静""专注""跌倒""亲密""玩伴"为主题，通过设计动作游戏教会幼儿呼吸、帮助幼儿安静、培养幼儿专注、让幼儿会转移生活重心、让幼儿克服困难、发展和幼儿的亲密关系的亲子律动内容；"拥抱"发展出的律动内容有"滚滚抱""摇摇抱""无尾熊抱抱"等；专注发展出的律动内容有"跳跳呼啦圈""说故事""悬丝偶"等。①

家庭律动，第一要求家长熟悉动作元素，在活动中使用动作元素丰富动作体验设计游戏活动；第二，也要求家长熟悉表演游戏方法，发挥想象力，能与幼儿一起进行角色扮演；第三，要求家长改变自己权威者的身份，作为幼儿的玩伴，与幼儿亲密互动；第四，还要求家长善用生活材料，将材料想象性地应用于亲子律动中。例如，在家务篇中亲子律动可使用抹布、衣服、被单、玩具等作为道具，在感觉篇中可以利用各种食材为道具，在自然篇中可让幼儿感受风的质感、味道以及公园里树叶树木的质感、在雨中律动、模仿云的形状、观察苹果树的生长，在睡前篇中可以利用乳液与幼儿进行律动，在幼儿篇中橡皮筋、广告纸、报纸、

---

①参见云门舞集舞蹈教室. 回归身体[M]. 北京：生活·读书·新知三联书店，2012.

椅子等都可以作为律动的道具；最后，也要求家长储备好不同类型的音乐，便能与幼儿随时起舞。

因此，与传统的亲子律动不同，创新的亲子律动模式要求家长扮演新的角色：幼儿舞动的指引者（动作元素的指引者、幼儿动作技能发展的指引者、身体触觉感知的指引者、幼儿感觉统合发展的指引者）；幼儿创造力的培育者（一方面主动开掘自己的创造力为幼儿做榜样，另一方面鼓励幼儿创造动作表达自己）；幼儿的协助者（与幼儿进行律动互动，关注幼儿想象力、感知觉能力、注意力、解决问题的能力的发展，在此过程中努力与幼儿形成健康的依恋关系，进而增进亲子感情，为幼儿的心理发展助力）；幼儿的互动者（成为幼儿的"玩伴"，乐于与幼儿游戏）；幼儿的保障者（保障幼儿的生理、心理安全，满足幼儿对归属、爱的需求）。

目前我国的家庭教育观念一直比较传统，"父为子纲"为代表的儒家思想潜移默化影响现代家庭的亲子观念，父母子女间的身体互动欠缺，亲子舞蹈少之又少，家庭律动更是罕见。针对这种情况，幼儿舞蹈教师不仅要创新幼儿舞蹈教育的方法，而且要成为先进理念的传播者。可以与幼儿家长进行沟通，邀请其走进幼儿舞蹈课堂，并结合具体情况把家庭律动的有关内容改造成为可以开放空间的亲子舞蹈。

3. 课程模式开拓教学方法

课程开拓教学方法，是指幼儿舞蹈课程与其他学科有机结合，充分利用幼儿的旧经验，事半功倍地建构幼儿的新认识、新体验。创新的幼儿舞蹈教育实践中有与绘本教学相统合、与艺术课程相统合、与非艺术课程相统合的教学模式。

（1）与绘本教学结合的方法。

幼儿园幼儿喜欢读图画书，绘本阅读是幼儿园教学中的重要内容。幼儿舞蹈教育可以与绘本教学相结合，舞蹈与绘本的结合可使二维图画变多维图画。

图画书与幼儿舞蹈结合的重要方法是启发法，并不是要求幼儿将所有的看到的图画用动作模拟出来，而是用询问和启发的方式，将模仿变为创造与表达。以一个教案为例，具体如下。

教师：在书上，卷心菜早早醒来，它们舒展开叶子，开始歌唱……你认为卷心菜可以怎样展示它们在歌唱。你认为它们迎接阳光的感受是怎么样的？你认为它们可以做些什么呢？它们会有怎样的动作？

学生：也许它们歌唱的方式就像它们第一次舒展开来直到静下来。一阵风儿过来吹拂着卷心菜，接着卷心菜在风儿吹拂的时候开始唱歌。

教师：你怎么通过动作来表达想法呢？

学生：我认为我会这样开始（开始展示）。

教师：的确很有趣。我喜欢你想到的关于风是如何轻轻吹拂的样子。这是想问题的很好的方式。你们每一个人都可以自己构思关于那些卷心菜唱歌动作的想法。

这个幼儿关于卷心菜叶唱歌时舞蹈动作的想法导致他的同学们产生了灵活的动作反应。在表扬幼儿的想法后，其他幼儿也会展示不同的卷心菜叶的唱歌动作。教师可以利用幼儿的想法帮助其他幼儿完成学习任务。

（2）与其他艺术学科结合的方法。

艺术综合教育的基础是幼儿的"审美统觉"和审美"通感"。审美统觉是指人在审美中调动己有经验、知识，对复合对象完整的感性面貌进行整体感知，并融入一定理智、情感内容的审美心理形式。通感也指知觉所获得的表象之间所产生的相互替代，如听到音乐，产生视觉表象；看到形状和色彩，头脑会产生冷热轻重的视觉表象。艺术通感是由于相关艺术有共同的规律。共同的审美特征而激起的。楼必生、屠美如在《艺术教育综合化的研究中》中提出了艺术教育的两种统合的方法："一为审美情感综合透过音乐、美术、文学感受相似艺术情感，产生共鸣、移情和创作的冲动，达到情感同构的综合课程。通过音乐、美术、文学不同艺术形式的情感象征表现，达到情感同构的综合课程；二为形式结构综合，从美的形式规律入手，如围绕对称、均衡、节奏、和谐等形式美的基本法则，组织音乐、美术、文学的综合科。音乐、美术、文学的要素，如形状、色彩、节奏、韵律、结构等相关要素组合的综合课。"据此，幼儿舞蹈教育的艺术综合方式有两种：一种为与音乐、美术教育的内容及情感的综合，另一种为舞蹈动作要素与音乐、美术要素的综合。

① 内容及情感的综合。

内容及情感的综合可以遵循下列几种的结构。

听音乐，感知音乐的情感和内容；将感知、想象到的内容画出来；用身体动作将听到和画到的内容及情感表现出来。

学习及创作美术作品；选择合适的音乐；将美术作品作为舞蹈道具进行创作与表现。

② 要素的综合。

各种类艺术要素的综合需要分析要素之间的关联性，使之能在舞蹈课堂中相互贯通、相互指引，发展出有张力的、有弹性的要素综合课程。

动作要素与音乐要素的综合。音乐的三要素是节奏、旋律、和声。第一，动作要素与音乐节奏的统合方式。用动作表现音乐的节奏型，用动作表现音乐的快、慢，用静止动作表演休止符，用动作表现音乐的时间性。第二，动作要素与音乐旋律的统合方式。音高时做高空间的动作，音低时做低空间的动作；音高时摆高空间的造型，音低时摆低空间的造型；音高时做质感清脆的动作，音低时做质感沉重的动作；以身体动作"画"音符的运动轨迹将音符轨迹变为运动路线轨迹等。第三，动作要素与音乐和声要素的统合方式。不同音的和声可由身体不同部位同时做动作表现；不同音的和声也可由几人同时做不同空间的动作表现；不同音的和声也可做不同质感的动作表现等。表现用个人动作与动作的关系或人与人由高低音组合成的旋律，旋律是音符是音乐高低有规律的变化，音的高低与动作的立体空间与水平空间的高低相吻合、声部的变化能够引起动作在轻与重、松与紧、软与硬方面的变化；和声相当于舞蹈的关系要素，可根据和声的方式发展人与人关系的连接方式。

舞蹈动作要素与美术的综合。舞蹈要素与美术的统合也有以下三种方式。

第一，舞蹈动作的要素与手工美术的综合。例如，用舞蹈造型表现出手工美术的造型、用舞蹈动作质感模仿手工材料的质感、以手工作品为道具发展舞蹈动作。

第二，舞蹈动作要素与雕塑的综合。例如，用舞蹈动作模仿雕塑的造型、用舞蹈动作表现雕塑的质感。

第三，舞蹈动作要素与绘画要素的统合。绘画的要素包括点、线、面、颜色、构图等。动作的造型要素与点、线、面的形状相统合，移位动作的流动轨迹可参考线形，动作的劲力要素可与线、面的属性相统合，用质感重的动作表现实线，用质感轻的动作表现虚线，用重的动作变现阴影面，用轻的动作表现空白面，用硬的动作表现实线，用软的动作表现虚线等，用阻塞的动作表现虚线，用延续的动作表现实线；动作的劲力要素与颜色相统合：用轻快的动作表现暖色，用沉重的动作表现冷色；动作的关系要素可与绘画的构图方法综合考量。

（四）认知教学结构的方法

1．课程的常用组织结构

创新的教学活动常用的课程结构为暖身、探索和收整。具体课例如下。

暖身：教师会询问学生，你敢这样跳吗？今天，我要带你们去拜访我的朋友。

教师将呼啦圈搭配着颜色放在地板的绿线和红线上。说："呼啦圈所放的地方，是我朋友的家，很厉害的小朋友才能进去。怎么才可以从绿色到红色呢？"

踊跃举高的小手中，一个看来自信满满的小女生被选出来示范，她奋力一跳，从绿线飞跃到红线那头。

教师："还有什么方法可以同时碰到绿线和红线呢？"

一个小男孩自告奋勇，他躺在线与线中。

教师："你可以像香肠一样滚到旁边去吗？"

男孩笑了，歪歪斜斜地滚着。

在这样"朋友的家"和"滚香肠"幼儿熟悉的生活情节中，每个人都有了活动身体的体会。身体活动起来，幼儿情绪十分饱满，就算跳得不好、滚歪得太离谱，教师也会温柔地和幼儿一起讨论："倒带倒带，试试看，还可以怎样滚，才不会滚歪呢？"

探索：谁家的门铃响起来、用身体表现。

探索："仔细倾听，这个声音（中央 do）是绿线家的门铃，这个声音（高音 do）是红线家的门铃，听到谁家的门铃就要跳到哪一家。"

教师的手指在高低音线之间跳跃，幼儿也专注地竖耳聆听，在两条线段中间跳跃，像极了电线杆上淘气的小麻雀。

接着教师说："跳到红线家时换个姿势，我们要照一张高高的照片；跳到绿线时要照一张低低的照片。可以吗？"

伴随清脆的琴声，教师中充满着幼儿的定格照，一会高一会低。化身为照片的幼儿，眼睛看着老师，期待她的赞美，如果幼儿摆出来的动作还可以再精彩一点，或是已经有很多人做过了，老师会提醒他："除了这样还有没有别的方法呢？"或者，提出一点小小的挑战："你能不能保持这样的动作，从这里移动到哪里？"

"大家好厉害哦，现在我又有了一位新的朋友。他的家住在这里，你们听听看（Sol），是不是比绿色的高（中央 Do）又比红色的低（高音 Do）？这就是黄线家的门铃。"

加入黄线之后难度增加了，偶尔会有跑错家的。老师总会多弹一遍让跑错家的幼儿，再分辨一次声音的高低，然后笑着跳回正确的线去。当幼儿对于地板上的颜色线熟悉后，老师立刻变化，从平面空间的感受，延伸为立体空间的感受。

"我们要用身体弹琴，这个声音（高音 Do）应该是身体的哪一部位呢？"经过之前一张张高照片的体验，幼儿自然而然地指出"头"；中央 Do 也顺利与脚配对成功；剩下的 Sol 有的幼儿稍稍犹豫，大部分人直接就拍着自己的肚子。"现在，拍头是高音 Do，拍脚是低音 Do，拍肚子就是 Sol。要开始了！（老师弹了三个音）你们可以用身体来一遍吗？"小朋友们很自然地配合着。"哇，很棒呢！可以难一点吗？"（孩子们兴高采烈地点头）老师又弹出更难一点的变化音，幼儿充满了斗志，再次边唱边动。收整：最后，老师的角色淡出，由自愿的幼儿出来，以变长变动的身体的方式，带大家"弹琴"。每一音符都可以被看见，都洋溢着开心的笑容。

美国舞蹈教师将此结构做了实践性的规定：在 30 分钟的课程里，建议教师把课程分为三个主要部分。

第一部分：10 分钟的热身（在舞蹈老师的指导下，幼儿坐在的固定位置或站立的固定位置移动身体部位）。

第二部分：15 分钟的创意性舞蹈探究（形式各样舞蹈想法中，结构简单的自由式动作探讨）。

第三部分：5 分钟的放松练习（各种放松技巧）。

2．高瞻课程组织方法

高瞻课程模式是一种结构主义的课程模式，它的特色是幼儿对于事件、活动、项目的自主参与性，幼儿在该课程模式中，能够同教师一起制定学习主题，并且自己决定使用什么样的对策解决问题。据此可以看出，高瞻课程模式是一种充分发挥幼儿主动性的教学模式。该教学模式遵循一定的结构：计划—学习—复习，幼儿自己选择学习内容，并向教师阐述学习计划，之后进入学习阶段，教师依据幼儿"关键经历"的发展要求，适时地对幼儿进行指导与帮助，最后幼儿表述自己的学习过程与学习成果。

当代幼儿舞蹈教育中也有运用高瞻课程模式的教学实践。课程的形式源于是一个校庆表演的事件。校庆之后老师与幼儿一起讨论了表演的主题：海底世界，教师先让幼儿自己决定要表演的动物，之后以小组为单位幼儿自己创编动作，并在创编的同时绘制舞谱，记录舞蹈的内容（包括动作、人物、构图），之后与幼儿商定表演次序，并协助制作表演道具，绘制了清晰的结构图，帮助幼儿整理事件进行过程，最后完成了一次精彩的表演。可以看出，此类型的幼儿舞蹈教学模式符合高瞻课程模式的基本的观念：幼儿积极参与到人群、材料、事件与思想之中，建构知识，这是一种自发的过程；幼儿在一种能预见学习结果的过程中发展自己的能力，成人的支持有助于幼儿智力、社会性、情感和身体的发展；成人给予幼儿的连贯支持和对幼儿选择、思想和行动的尊重，可以增强幼儿的自尊、责任感、自我控制力；在了解幼儿发展水平、制订计划并与幼儿适当交流时，仔细地观察幼儿的兴趣与意图是必要的步骤。毋庸置疑，从事件或主题出发的、师生一起生成教学成果的幼儿舞蹈教育课程模式能够最大限度地发挥幼儿的主观能动性。

基于高瞻课程模式的幼儿舞蹈教育思路是：计划即对主题的选择，学习即动作语汇的生成，复习即学习成果的形成。这种课程模式的重点是动作语汇的指引和创编、动作记录、舞蹈结构的形成。解决策略是通过多媒体指引动作语汇，让幼儿了解简易的舞谱（包括动作样式、时间、队形），在与儿童的共同讨论中生成舞蹈结构，对整个事件逻辑性的梳理与展示。

三、创新教学法的运用

（一）创新方法的应用

1. 指引教学的应用

（1）课例分析。

课例名称：动物狂欢节

适用范围：大班

参与人数：10 人

活动时长：45 分钟

具体应用：属于表演游戏，教学活动中采用的指引教学为口语指引、图片指引。具体应用的方法为类比法（让幼儿模拟不同动物的造型和行走方式）。

教师向幼儿介绍今天的主题是"动物狂欢节"。并引导提问："自然界里有很多条腿的动物是什么？"

幼儿：（大声回答说）"龙。"

教师："请小朋友们看看图片上是什么。"

幼儿：（跳着说）"毛毛虫。"

教师说："现在，请大家变成一条条毛毛虫，请你们从门口爬到这来，看看谁爬得最有意思。"

幼儿像水蛇一样歪歪扭扭地爬过来。

教师指引："毛毛虫可是有脚的，它不是蛇。"

教师随后给幼儿播放了一段毛毛虫爬的视频，再请幼儿表演一遍。

这时有一位幼儿做出了屁股在地板上一抬一放的动作。

教师："还有别的什么办法吗？如果你的脚长在背上？如果你的脚长在身体侧面？如果你的许多脚就长在你的小脚上？想想办法，还可以怎么样？"

随后便出现了很多意想不到的动作：有的幼儿背朝地腰部起伏地爬，有的侧骑于地面波浪形蠕动着爬，有的幼儿干脆站着跳过来，还有的幼儿用手表演毛毛虫爬过来……

教师："自然界有什么动物有 8 条腿？"

幼儿大声喊："螃蟹。"

有个幼儿迫不及待地说："老师我想看看螃蟹什么样子。"

教师给幼儿展示了螃蟹的图片。

教师："现在大家都变成了螃蟹，再从门口爬到这儿来。"话音刚落，幼儿给了教师巨大的惊喜：有的四肢张开，横着移动；有的幼儿与他人合作，一前一后共 8 只脚……

教师："螃蟹可是横着爬的哦！"幼儿想了一会儿，有两个幼儿变成了背对背，朝教师横着走来。

教师继续提问："自然界里有什么东西是 4 条腿的？"然后展示了长颈鹿的照片。

幼儿又高兴地模仿起来：有的幼儿两人一组，一人在下，一人骑在另一个人身上，在上的幼儿当长颈鹿的脖子，另一个幼儿当长颈鹿的腿。

教师提醒："上面的幼儿长颈鹿的头是什么样子？能不能移动到这来，看看长颈鹿有多不容易！"

幼儿努力地找着平衡。

教师继续问："还有什么是 4 条腿？"教师展示了乌龟的照片。幼儿又合作起来，有的当龟壳，有的当龟身；有的直接四条腿横趴在地上；还有的将头和腿缩起来，对老师说："龟壳隐形了。"。

最后，教师请幼儿选择喜欢的动物，听着音乐在教室中表演。教师提醒："记得见面了要打招呼。"打招呼也成为大家的动作之一，舞蹈变得丰富起来。

（2）课例分析。

课例名称：一、二、三，饺子、麻花、大饼

适用范围：中班

参与人数：14 人

活动时长：45 分钟

具体应用：将"一、二、三，木头人"发展为造型转换法（将木头人转化为饺子、麻花、大饼）和从移位动作向不移位动作发展法（让饺子滚起来，麻花转起来，大饼跳起来）。"一、二、三，饺子、麻花、大饼"采取的指引方法为意象指引法、图片指引法。

教师和幼儿玩"一、二、三木头人"游戏。玩过几遍之后，教师请幼儿坐在地板上，看图片。教师引导提问："这是……"

幼儿："麻花。"

教师："这个呢？"

……

教师："请大家仔细观察我手中的图片，然后用你们的身体表演麻花，要和别人不一样哦。请你们用身体表演饺子，再用身体表演大饼。"

幼儿踊跃地尝试起来。

教师："现在咱们再来玩一个新游戏，当我说一、二、三大饼后，我扭头后你们要表演大饼的造型。我说一、二、三麻花，你们就要表演麻花的造型。"老师和幼儿确认："听明白了吗"。

幼儿表演出了形态各异的麻花。如两个人站着扭抱在一起；在地面上扭转着；站着扭动腰部；把手向前缠绕在一起等。

再如表演大饼时，有的在地面上摆出大的造型，有的坐在地上用腿摆成圆型等。

表演饺子时，有的蹲在地上手举到头顶，有的躺着窝成一团，有的用手表演饺子等。

教师："我说饺子、饺子、大饼，你不仅要在最后表演大饼，还要在前面像煮饺子一样滚进来，大饼要像被翻一样跳进来，麻花要在油锅里转进来。开始游戏！"

"饺子、饺子、大饼""大饼，大饼，麻花""麻花、麻花、饺子"，刚开始，幼儿还反应不过来，教师有些紧张。玩了几遍后，幼儿已经开始在教室中旋转、旋转、造型；跳跃、跳跃、造型；滚动、滚动。有的幼儿高兴地说："哇，我真厉害！"

最后，教师把刚才玩过的游戏编成歌谣写在黑板上，请幼儿一起念："饺子、饺子、大饼，大饼、大饼、麻花，麻花、麻花、饺子，饺子饺子滚滚滚，麻花麻花转转转，大饼大饼跳跳跳，饺子滚完变大饼，大饼跳完变麻花，麻花转完变饺子，一二三四五六七，我的身体真神气！"

教师说："可以跳这个舞蹈吗？"

"能！"幼儿兴奋地回答，并开始实践起来。

幼儿在课上玩得不亦乐乎，并且发现自己这么会跳舞，有趣的是，下课后有个幼儿跑过来和教师说："老师，其实我喜欢吃馒头和冰激凌。我以后能不能跳那个？"

（3）课例分析。

课例名称：神奇的自然

适用范围：小班

参与人数：12人

活动时长：45分钟

具体应用：《神奇的自然》属于表演游戏，游戏活动中采用"发展法"，即从"是什么—做什么—怎么样"来考虑教学结构，涉及的自然物有水、火、风。采用的指引方法有图片指引法、意象指引法、自然声音指引法。

教师："在来的路上，老师碰到了自然仙女。自然仙女让老师来问问幼儿愿不愿意和她成为朋友。可是成为她的朋友要很厉害，要能表演水、火和风，谁能？"

幼儿踊跃地举起手来。

教师（假扮仙女用细细的语调说）："老师，幼儿会不会表演水呀？"老师（假扮幼儿说）："当然会呀，不信你看。"

教师指引幼儿在一起变成哗哗下落的雨滴，雨滴落在地上，轻快地跳了起来，雨滴越聚越多，变成了一个个小水泡，咕嘟、咕嘟冒出头来，冬天很冷，把水珠都变成了各种各样的冰块。幼儿跟着教师认真地用身体体验着水的变化。演到高兴的地方，幼儿就会不由自主地和教师一起念："哗啦啦，呼啦啦，哗啦啦，咕嘟，咕嘟，咕嘟，定！"

教师（又假扮仙女）："幼儿真厉害，那变成火你们也可以吗？"

教师（假扮幼儿回答说）："不信你看！"教师带着幼儿从细细的火苗变成了熊熊的烈火。幼儿剧烈地扭动着身体。

教师（又假扮仙女说）："风呢？龙卷风呢？也可以的话我就和你们成为好朋友。"老师（假扮幼儿回答说）："都不用老师一起表演，幼儿肯定会！"教师对着幼儿说："龙卷风旋转起来吧，请你高高地转、请你低低地转、请你慢慢转、请你快快转。""你还能跳着、扭着转吗？"幼儿们"哈……哈……哈……"地探索着、舞动着，出色地完成了表演。

（4）课例分析。

课例名称：我爱过山洞

适用范围：小班

参与人数：14 人

活动时长：45 分钟

具体应用：教学的目的是让幼儿体验动作在高低空间中的变化。采用的方法为元素对比法（空间的高与低进行对比性体验）、形象练习法（将队伍设计成火车过山洞）、音乐规定法（探索结束后，老师播放音乐请幼儿听到音乐中拍手的声音时钻山洞）。活动中应用的指引方法为口语指引。

第一步，热身。教师邀请幼儿和家长一起变成一列长长的火车，摇动着双手去旅行。教师当火车头。教师绕着教室，边跑边变化动作，抓着方向盘左右摇摆地前进，时而左右跳步跑，时而停止，时而加速。

第二步，探索。跑了两三圈后，教师请大家减速，说："前面有个山洞，请大家排好队过山洞。"另外一位教师与一位家长单腿面对面跪着，手连在一起组成了一个山洞。教师先钻了过去，有的幼儿高兴地跟着钻了过去。有的幼儿躲在爸爸妈妈身后不敢过去，这时爸爸妈妈先过去，在对面鼓励幼儿。渐渐地，大家都通过了山洞。火车继续走，教师又摆成了一个凸起的小山，幼儿勇敢地牵着妈妈的手从老师背上跨过去。火车弯弯曲曲地向前行驶，教师胳膊又平放在地上变成了一条弯曲的小河，教师带领着大家依次跳过去。

接下来，教师邀请家长们分散在教室的各个位置，或合作或自己摆成不同形状的山洞。教师带领着幼儿一个个钻山洞。只见，有的家长用弓箭步摆山洞；有的家长两只手一高一低合作摆山洞；有的家长则屁股坐在地上把腿跷起，让从腿下钻过去。接下来，请幼儿看教师。教师用身体同时摆出了好多个"洞"，教师问幼儿："你们有什么不一样的方法过山洞？"幼儿则开始探索了起来，有的从腿下钻；有的从胳膊下钻；有的从一条腿钻进去再从另一条腿钻出来，有的则从两只手中间跳过去。接着，教师请家长设计不同结构的山洞，请幼儿钻。这时，幼儿已经很灵活了，在有空间的地方来回穿行。教师播放音乐，请幼儿在拍手的时候钻山洞。

第三步，收整。教师请幼儿坐在他们妈妈、爸爸的怀抱里，听着轻柔的音乐结束课程。

2．认知小游戏教学法

（1）课例分析。

课例名称：亲亲宝贝

适用范围：小班

参与人数：20人

活动时长：45分钟

具体应用：接触性互动及不接触性互动游戏帮助亲子建立身体连接，促进亲子情感，同时让幼儿学会感恩。在活动中采取的不接触性互动游戏为"线木偶"，采用的接触性互动游戏为"小贴画"。采用的教学结构为"热身—探索与互动—收整"。

第一步，热身。教师将"幼儿好"这几个字用2/4的节奏念出（幼儿/好），然后依次用点头、抬肩、摇手、扭膀、点脚的去做以上述节奏和幼儿打招呼。幼儿和家长也依次模仿教师的节奏和动作进行回应："老师/好。"（本来幼儿羞于和老师打招呼，但是有了家长带头参与，幼儿很快融入学习，并兴致高昂地完成了动作。）

接下来，教师要求家长坐在地上，把幼儿放进自己的怀抱里，听着《小动物做早操》的音乐律动。由于这是一首节奏性强且欢快的音乐，因此，幼儿在妈妈爸爸的怀抱里颠来颠去，就像坐小木马。幼儿高兴地笑了起来。通过这样的律动，家长和幼儿的身体很快热了起来，并且期待着下面的环节。

第二步，探索。教师邀请另外一位教师表演舞蹈《魔力魔力》。这是一个牵引的舞蹈，教师相距一段距离，其中一位教师伸出一只手指，指着另外一位教师的胳膊。教师的手指往哪个方向指，经过怎样的路线，另一位教师就配合指引教师变成什么样的路线和方向中舞动胳膊，还有肚皮、腿也是如此，很像一个被牵了线的小木偶。家长也和幼儿说，"哇，好神奇呀，是不是？"

接下来，教师邀请幼儿来试试，看看自己有没有这样的魔法，请幼儿指家长的身体。家长被牵引着舞动。大多数的幼儿都能明白教师的意思，小心翼翼和家长互动起来；而后教师又邀请家长做魔术师，幼儿做小木偶，看看幼儿能不能配合，结果完成得不是很好。

教师请幼儿变成小冰棍。幼儿和家长便直直地、安静地站好。教师走到每个幼儿面前，敲敲幼儿的身体说："哈哈，硬硬的！"为了和大家互动，教师走到每一个幼儿面前，根据他衣服的颜色判断"小冰棍"的口味，幼儿开始笑了。教师邀请幼儿变成小贴画，听教师指挥。"小贴画，贴贴贴，贴在妈妈的屁股上。"幼儿便欢快地跑过去抱住爸爸妈妈的屁股。"小贴画，贴贴贴，贴在妈妈的小手上。"幼儿便摇摇晃晃地抓住妈妈的手……

第三步，收整。最后，教师播放了音乐，让幼儿合着音乐节奏表演小贴画。起初，幼儿对音乐的节奏不敏感，表演得乱七八糟。教师就请家长作为"小贴画"合着音乐"贴"幼儿。玩过一遍后，角色再次转换。幼儿开始模仿家长的节奏，使舞蹈变得有序起来。然后，教师邀请幼儿踩在妈妈的脚上合着优美的音乐随着妈妈一起移动，要求每个妈妈用脚在地板上画画，要走出不一样的路线。最后，教师说："请幼儿给妈妈、爸爸、姥姥按按手、敲敲背、捏捏脖子、亲亲脸蛋，感谢爸爸妈妈的陪伴与付出。"

（二）高瞻开拓教学方法的应用

高瞻教学模式为"计划—学习—复习"，其教学方法立足于相信幼儿在学习中有较高的自主性，在此教学模式中幼儿能自己决定主题，自己进行学习，然后进行表演与复习。它与应用发展法设计的表演游戏不同的是：前者的"是什么—做什么—怎么样"是由教师设计，而后者完全由自己设计，教师只提供思路。

（1）课例分析。

课例名称：洗刷刷

适用范围：大班

参与人数：10 人

活动时长：45 分钟

具体应用：高瞻课程方法，使用的指引方法为口语指引。

① 计划环节。

教师："衣服可以表演什么动作呢？"

幼儿："洗衣服。"

教师："洗衣服可以怎么洗呢？"幼儿争先恐后地用动作表达，有的站着用手揉，有的模仿洗衣机转动。教师欣喜地对大家提出了表扬，并请幼儿学习了一些洗衣服的动作，来拓宽幼儿的思路。教师："请大家面朝黑板坐下，并举手回答洗衣服的过程。"

幼儿："手洗，沾湿衣服、揉、控衣板捏、涂洗衣粉、在水里洗……老师，直接用洗衣机就行了呀！"

教师表示赞同。

（同学们争论了一番后）教师提醒道："洗完后还要怎么样？"

幼儿："要晾干，要挂起来。""最后得叠好放起来。"

教师："我把你们说的步骤写在黑板上，请大家来做……现在大家分成4组。我们每一组要用合作完成一个洗衣服的过程（用4个8拍动作），最后把每个过程连起来，编排成完整的洗衣舞。现在大家先集体讨论怎么分组以及每组要做什么，要求是每一组一人要扮演衣服，一人扮演洗衣服的人。"

经过一番讨论，小朋友A和小朋友B手洗衣服；小朋友C和小朋友D用洗衣机洗；小朋友E和小朋友F表演挂衣服；小朋友G和小朋友H表演叠衣服。之后，每组选了一个地方开始创编。

② 学习环节。

刚开始，幼儿有些不知所措，只有A和B尝试着怎么把自己洗起来。教师走到A面前说："我是你的脏衣服，我躺在你的盆里，你来洗洗我。"他假装一握，教师的肚子一伸一缩，表示和他同步。幼儿见状笑了起来。教师随即问："假如我是衣服，我在洗衣机里该怎么转？如果我是衣服，我被晾在衣服架上是什么样？如果我是衣服，我要被叠成什么样子才能放进衣柜？"

听了教师的启发后，幼儿叽叽喳喳地讨论起来，做出了很多富有创造力的动作。有一名小朋友跑过来问教师："老师，为什么叠衣服也要好几个动作？"教师说："每件衣服长得不一样，叠的顺序当然不一样啊。"他说："可是我妈叠完衣服后都一样。"教师说："也对，要是你能表演叠的顺序不一样，但叠完后的造型一样，那你就厉害了。"

③ 复习环节。

教师请幼儿围成一个圆圈坐下，要求各组分别在圆圈中表演，然后请其他幼儿提意见，如果其他幼儿喜欢这一组的动作，就请大家用简单的图画记在白纸上，来记录动作。幼儿很喜欢当小老师，用纸各自画着动作。

讨论结束，大家合作完成了16个八拍的动作，老师请小朋友和着《洗刷刷》的音乐跳舞。

（2）课例分析。

课例名称：标点符号跳跳跳

适用范围：大班

参与人数：10 人

活动时长：45 分钟

具体应用：幼儿园大班的幼儿正在学习标点符号，基于此，采用的方法为元素综合法，即用身体造型表现符号的形状，用动作的组合表现运算过程。教学采用的指引方法有图片指引法、歌谣指引法。

第一步：教师播放《牛奶歌》，请幼儿欣赏，欣赏后将其作为接下来舞蹈的音乐的节奏和拍子念标点符号口诀："小句号，是圆圈，表示一句话说完；感叹号，再加点，感情激昂它出现；小逗号，向蝌蚪，句间停顿它露头；小冒号，点两点，引用话儿在后边；小问号，钩到挂，一有疑问就有它；小顿号，像芝麻，并列词间用上它；小分号，点加逗，并列分句点在中；破折号，一条线，注释引申往下看；小引号，双双抖，引用部分挂两头；书名号，两头勾，书看题目写里头；圆括号，双半圆，解释的话说里边；省略号，六个点，表示话儿没说完。"念完后请幼儿在黑板上画出这些标点符号。

第二步：教师请幼儿表演这些标点符号的造型。对于每个造型要求，幼儿摆几秒钟，幼儿尝试了这些造型，非常有创造力和想象力。表演小句号时，有的幼儿站着用胳膊抱圆；有的幼儿蹲着在胸口上画大大的圆；有的幼儿跪着，双手举过头顶抱圆；还有的幼儿侧着，把身体缩成一个结结实实的圆。在表演感叹号时，有的幼儿上身立正，下身腿变圆；在表演小逗号时，一个幼儿双手和单脚着地，一只小脚在高空。在表演小冒号时，有的幼儿上下一起做出圆的造型，有的则两个幼儿一起合作，形成不同的圆。接下来进入舞蹈环节，教师念前半句口诀，请幼儿用身体表演后半句口诀。例如，教师说："小逗号。"幼儿一起大声念："像蝌蚪。"幼儿边念边用身体摆出小逗号的造型，以此类推。之后，教师与幼儿一起复习了两遍，然后要求幼儿合着音乐跳一遍。刚开始，幼儿表现得有些紧张，只等着变动作，教室里乱成一片。教师提醒道："摆完造型要停两秒钟，过渡动作用踏步进行。"幼儿渐入佳境，开始有序地舞蹈。

第三步：教师与幼儿一起探讨了这些符号的意思，并请幼儿用动作表现这些意思。例如，说道小句号时就要伸出手指，表示一句话说完；说到感叹号时就做出感情激昂的动作；说到小问号就要在头顶画一个问号。最后，教师请幼儿合着音乐表演完整的舞蹈。

（3）课例分析。

课例名称：加减法

适用范围：中班

参与人数：14 人

活动时长：45 分钟

具体应用：幼儿园中班的幼儿会学习 10 以内的加减法。基于此，可加入此舞蹈活动，采用元素综合方法，即用身体造型表现符号的形态，用动作的组合表现运算过程，同时采用的指引方法有图片指引法、歌谣指引法。

第一步：教师准备了 1 至 10 的数字图片，播放给幼儿看，并要求幼儿逐一表演所示数字的造型。经过几次课程，幼儿已经能够表演出造型各异的数字。教师选出幼儿的表演的每个数字中最具特点的一个数字请幼儿共同学习。学习了两个数字后，幼儿开始不耐烦起来，似乎在说："我不想学别人的动作，为什么要让我表演自己的动作，又让我学习别人的动作？"所以，游戏中教师就要转化教学思路，不再要求幼儿学别人的动作，只要求幼儿记住自己的动作即可。

第二步：老师播放《数字歌》，请幼儿合着音乐的节奏起舞。教师再次播放《数字歌》，要求幼儿在扭脖的同时听音乐中的数字，一听到数字就要用身体造型表现出来，然后再扭脖，再听音乐，再表演。照往常一样，刚开始幼儿有些混乱，教师想带着幼儿做一遍，结果发现，幼儿又恢复到往日的学习思维，与教师做的一模一样。演完一遍，教师提醒。"这一遍看谁能表演自己的数字造型。"在和音乐的时候，教师故意把数字造型空出来，让幼儿自己填。慢慢地，幼儿渐入佳境。

第三步：教师规定加号（双手在胸前交叉）、减号（胳膊侧平举）和等于号（胳膊在胸前平行折叠）的造型请幼儿学习。然后，教师给幼儿出 10 以内的加减法运算题，让幼儿练习。幼儿开始探索用舞蹈做运算，但由于幼儿需要反应的数字过多，场面有些混乱，一些幼儿开始不耐烦，纷纷要去上厕所。教师再次改变思路，和幼儿说加号、减号、等于号，全部用双手叉腰代替。如此，有些幼儿能够表演。最后，教师在钢琴边弹奏 do、mi、do、mi、so，之后为幼儿示范了几遍怎么合音乐。幼儿有所了解。可是当幼儿单独做动作时，弹奏得有些快，教师得放慢速度，等待幼儿一步一步熟练。幼儿刚熟练起来，教师说要下课了。很多幼儿说："老师，能不能再玩几遍，我还没有演完！"有的说："老师，你能不能快点，那样有意思。"教师逐渐调整音乐节奏，幼儿疯狂地舞蹈起来，一遍遍地挑战自己。课后，有的幼儿跑到老师面前说："老师你看，6 分成 3 和 3。"只见他先表演 6，然后双手叉腰 3 下，再表演两个 3。

（三）感觉概念法的应用

教学过程中，教师虽然有意识地利用动作元素进行教学，而且努力让幼儿探索这些动作元素，但是发现，幼儿的注意力集中在"玩"上。通常教师并不确定幼儿是否对舞蹈元素的内容和概念真正清楚，如果不清楚就不能运用，更不能对自己的动作进行有意识的修正。因此，教师要探索一种教学方法既能让幼儿清楚自己要学习的动作要素，又能发展幼儿创造力的方法。

（1）课例分析。

课例名称：软的与硬的

适用范围：中班

参与人数：20 人

活动时长：45 分钟

具体应用：感觉概念教学方法。

教师把双手放于胸前，对幼儿说："请大家把双手露出来，看着老师。"幼儿把手举起并盯着教师。教师先转动手腕，对大家说："这是手腕的柔软。"教师再使劲攥紧拳头，对幼儿说："这是手腕的硬。"幼儿不自觉地模仿起来。教师将手背回去提问："请同学们给我软的手腕、给我硬的手腕。"幼儿很认真地给教师表演手腕的软与硬。

教师又将胳膊抬起来，边对幼儿说："这是胳膊的软的，这是胳膊的硬的。""请给我胳膊的软，给我胳膊的硬。"幼儿很好地完成了教师的要求，像很多翩翩起舞的蝴蝶和木头人。教师又说："请大家把双手向前抬起，给我软的，再给我硬的。"幼儿依旧能够完成动作。当幼儿向前做硬的动作时，教师说："请你给我端水，请你给我倒茶，请你给我擦汗，请你给我放杯子。"幼儿边做边露出了笑容。

教师将手插在身后，摆荡着身体对幼儿说："这是身体软的样子，这是身体硬的样子，请你们给我软的样子，请你们给我硬的样子。"幼儿哈哈地笑了。

接下来，教师提问："请幼儿举手回答老师的问题。当你做软的时候是什么感觉？当你做硬的时候是什么感觉？"幼儿纷纷举手回答："软的很舒服""硬的太累""硬的我很厉害""软的很轻""软的像羽毛"。幼儿边回答边兴奋地手舞足蹈。

再接下来，教师请幼儿躺在地上，把腿举向高空又缓缩下来。"请小朋友们给我腿的软的和硬的。"幼儿立刻将自己理解的软硬用腿部动作表现出来。

一般化运用中，教师又问："什么东西是软的？"一个幼儿踊跃回答："肥肉"。于是，教师把幼儿按男女分成两组，先请小男孩合着欢快的音乐表演一块块软软的肥肉。小男孩们在地上软软地"蠕动"着。一个小女孩跑进去，假装拿着刀，一刀刀地"切着肥肉"。然后大家笑了起来，所有的幼儿一哄而上，开始"切肥肉"。

教师又请小女孩们合着水的音乐，表演软软的"八爪鱼"。小女孩们张牙舞爪地舞动着身体。教师问："哪条八爪鱼的软腿最多？"一个幼儿举手，"我有好多条，8个手指就已经是八条啦"。她的手指在音乐中柔软地拨动着。而后一个小女孩跑到另一个小女孩的身后两人一起柔软摇动："老师，看我！"她一叫，剩下的幼儿一个接一个跑到别人身后，很多条"脚"柔软地舞动着。

下课后，教师问："今天我们学的是什么？"幼儿大声喊："软的和硬的！老师，真好玩！"

（2）课例分析。

课例名称：高的与低的

适用范围：中班

参与人数：20 人

活动时长：45 分钟

具体应用：感觉概念教学方法。

教师一边把头向上抬起，一边对幼儿说："展示高和低这是高的。"之后，教师将头向下低垂，"这是低的。"接着说，"请小朋友们给老师展示高和低。"幼儿纷纷给教师表演动作。教师问："当你抬头的时候有什么感觉？"幼儿答："像坐飞车一样吓坏了。""高的像坐过山车。""低头的时候就像翻跟头。"

教师把胳膊向上抬起："这是胳膊的高，这是胳膊的低。大家观察老师胳膊的高与低是以身体的哪个部位作为分界线的？"幼儿观察了之后说："肩膀。""那请小朋友们给我胳膊的高，给我胳膊的低。"教师问："当你做胳膊的高和低时候有什么区别？"幼儿说："高的像坐宇宙飞船，低的像毛毛虫化。"

教师将手放在裤子两侧好，向上跳。"这是身体的高。"再向下蹲。"这是身体的低。""请你们给我身体的高，请你们给我身体的低。"幼儿像弹簧一样高高低低地跳跃着。"那身体高的和低的有什么区别？"一个小男孩说："高的像木头，低的像毛毛虫。"教师将腿向上抬，说："这是高的"。把脚向下落，"这是低的"。"请你们给我高的，请你们给我低的。"幼儿奋力地把腿举起再落下。

一般化应用下，教师在黑板上画下了 4/8 拍子节奏：↑↑，↓↓，↑↓，↓↑，请幼儿跟教师念："高高、低低、高低、低高"。根据节奏的变化，幼儿学了几遍。之后，教师请幼儿用头表演这个节奏。幼儿不由自主地跳起了舞。教师又请幼儿分别用胳膊、身体、腿表演这样的节奏。幼儿都兴高采烈地完成了。很多幼儿说："哇，原来我会跳舞！哈哈，好玩。"

教师增加了难度，将节奏改为：↑↑，↓↓，↑↑，↓↓（高高、低低、高高、低低），要求幼儿能用手表演第一组，用头表演第二组，用身体表演第三组，用腿表演第四组。幼儿马上动起来。

在幼儿熟练掌握之后，教师请女幼儿用软的动作来表演这个节奏，请男幼儿用硬的动作来表演这个节奏。一个幼儿马上说："女生是蝴蝶，男生是钢铁侠。"幼儿在刚才的基础上加入了软硬的动作质感。

最后教师问："在我们的生活中，有什么是高的，有什么是低的？"幼儿说：

"楼房、树、长颈鹿是高的，乌龟是低的。"教师放音乐，让幼儿围成一个圆圈。教师带领幼儿一起跳高高低低舞；幼儿把手架在头顶上跳表现高楼，脚着地、脖子伸长表示长颈鹿，头立刻缩回去表示乌龟，双手打开架在头顶上表示宇宙飞船；身体埋在地下表示种子。

然后教师请另一位教师给"种子"浇水，幼儿慢慢地向上扭动生长，最后长成"参天大树"等。在教师的引导下，幼儿绕着圆圈表演得不亦乐乎。

四、教学效果的检验

（一）达到幼儿情感投入的目的

幼儿在舞蹈教学的活动中能够专注地投入情感，来感知舞蹈音乐，享受舞蹈动作。例如，"动物狂欢节"中，幼儿用自己创编的动物形态专注地和着音乐行进，并骄傲地和同伴打招呼；小班幼儿在"神奇的自然"舞蹈课中全情投入，边舞蹈边给自己配音"哗啦啦、哗啦啦"；亲子舞蹈"亲亲宝贝"活动中，幼儿享受地坐在父母怀里跟着音乐律动；"软的与硬的"舞蹈活动中，女孩子们闭上眼睛像蝴蝶一样翩翩起舞，男幼儿边演钢铁侠，边给自己的动作配乐；幼儿努力展现自己的舞蹈能力，忘我地演出；幼儿边唱标点符号口诀边自信地表演。

（二）达到幼儿主观能动性发挥的目的

幼儿在创新的舞蹈中能够积极主动地用身体进行表达，能够参与舞蹈的创造过程。从幼儿的课程反馈来看，幼儿丰富的创造力与想象力的确让教师大吃一惊，证明了 100 个幼儿有 100 种语言。在这样的舞蹈课中，幼儿的创造力得到了表现。例如：幼儿能想到如果毛毛虫的脚长在小朋友的后背上该如何移动；两个人共同合作表演长颈鹿、乌龟；能想出两人扭在一起的麻花和躺在地上把脚跷起来的饺子；4 岁的幼儿也能表演自己心中的龙卷风；就连 3 岁的幼儿也能在父母的身体造型中找到很多空间，在里面钻来钻去；对于形态固定的数字和标点符号来说，有多少个幼儿有多少种造型。不可思议的是，幼儿自己决定表演的内容、动作、组织方式。

（三）达到幼儿能够快乐参与舞蹈的目的

幼儿在舞蹈活动中的笑声不绝于耳，能保持快乐的心情。幼儿表达喜爱的方式不同。例如，大班的幼儿一见到幼儿园的舞蹈老师就冲过去抱住，问："今天上舞蹈课吗？""舞蹈课真好玩。"中班的幼儿发现自己能创造舞蹈动作时，骄傲地说："老师，你看！""哇，真神奇！"小班的幼儿常常在高兴时大声尖叫，表示自己激动不已；而亲子活动中的幼儿则忘记了害羞与恐惧，高兴地、努力地表现自己。

（四）达到幼儿积极主动与他人交流的目的

幼儿在舞蹈学习过程中，能够自由、积极地与同伴和教师交流，社会交往能力得到了发展。例如，幼儿经常找同伴合作造型，并愿意修正造型（长颈鹿、乌龟、螃蟹、麻花、洗衣等都是如此）；教师会给幼儿表达意愿的机会，让幼儿决定自己要表演内容，或解释自己的想法（幼儿可以向教师解释为什么自己可以有八条"腿"，也可以建议教师下节课还上舞蹈课）；很小的幼儿逐渐敢与老师互动，并能与家长默契互动；而大班的幼儿在自主性更高的活动中，能与他人交流并合作完成项目。

第三节 幼儿舞蹈教学指导策略

幼儿园舞蹈教学活动的设计是对舞蹈活动的具体行动规划，是教师进行幼儿舞蹈教学的蓝图，也是教师取得良好教育效果的、十分必要的准备工作，更是富有成效的幼儿园舞蹈教学活动的关键。

一、幼儿舞蹈教学的设计准则

教师在设计幼儿舞蹈教学活动时应遵循整体发展性准则，遵循幼儿的主体性原则，渗透整合性原则、开放性原则。

（一）整体发展性原则

发展性原则是指教师在进行舞蹈教学活动设计时必须准确地分析幼儿原有的舞蹈基础和水平，以此为依据着眼于促进幼儿身体、认知、情感、个性以及社会性的全面而整体的发展。幼儿舞蹈教学设计原则中的发展性原则包含以下两层含义。

（1）应以促进幼儿的发展为出发点，选择的活动内容应当适应幼儿的发展水平，考虑原有基础．不能任意降低或拔高活动目标，进行目标设计时要根据本班幼儿身心发展的特点及认识规律，使教学建立在幼儿的"最近发展区"的基础上。因此教师在进行活动设计时应充分考虑各方面因素，尤其是在制定活动目标时一定要结合本阶段、本班幼儿身心发展的特点，遵循儿童的"最近发展区"的原理。

（2）活动设计应该以促进幼儿的全面发展为落脚点。无论是目标的制定、策略的选择、材料的提供、环境的创设上都要以有利于幼儿发展为依据和准则，这种发展应该是全面而综合的。

在幼儿园舞蹈教育活动中，教师不仅要考虑促进幼儿舞蹈技能的提高，而且要促进幼儿身心的健康和发展；不仅要增强幼儿的舞蹈表现力，而且要促进幼儿在认知、情感、态度、社会性和个性方面的良好发展。因此，教师在进行舞蹈活动设计时就应充分考虑以上因素，合理地制定目标，在活动策略的选择、材料的提供上等都要以促进幼儿的全面发展为宗旨。

（二） 遵循幼儿的主体性原则

教师在进行活动设计时要遵循以幼儿为主体的原则，在活动内容和方法的选择上要注重激发幼儿的能动性、自主性和创造性，通过为幼儿创设良好的环境，提供适宜的操作材料，让幼儿在自主的探索中得到发展。

教师在组织幼儿进行音乐游戏"库企企"时，当幼儿对游戏已经非常熟悉，并且能够熟练地进行表演时，教师引导幼儿自己创编不同的"库企企"这一节奏动作进行表演。这就体现出幼儿为游戏活动的主体。在遵循以幼儿为主体的基础上，还应该适时地发挥教师的主导作用。教师应该准确地定位自己的角色，以饱满的热情参与幼儿的活动，给幼儿完成活动提供隐形的支持和帮助。仍然拿"库企企"这一音乐游戏为课例，当幼儿在创编动作时，不能因为体现了幼儿为主体，就从一个极端走向另一个极端，完全放手不管。教师这时候要进行细致的观察和指导。教师要适当地引导幼儿想一想可以做哪些动作，给幼儿提供一定的范围或参考，使教师真正成为活动的引导者、参与者、合作者。

（三） 融合、渗透、整合性原则

渗透性原则是指在幼儿舞蹈教育活动设计中将各种不同领域的内容、各种不同的学习形式与方法加以有机融合，将其作为一个互相联系而不可分割的完整体系来对待。幼儿舞蹈教育活动设计中的渗透性原则主要体现在以下两个方面。

（1）教育活动内容的相互渗透和整合，幼儿园中的活动内容往往是相互融合在一个主题或一节活动中完成的。如表演歌曲《五只猴子》，这首歌曲的内容是小猴子不听妈妈劝告，执意在床上乱蹦乱跳，结果从床上摔下来，受伤住进了医院。这首歌曲本来是作为动物类题材的教学内容被选择出来的，经过教师的挖掘，自我安全教育的因素就自然地渗透进来了。

（2）教育活动的形式相互渗透和整合。可以是集体进行的、正式的教育活动，也可以是个别选择的、非正式的小组活动等。同时，教师可以将不同的学习方式加以渗透和整合，让幼儿在操作、游戏、欣赏等不同形式的活动下达成活动目标。

（四）　开放性原则

开放性原则是指教师在进行活动设计时，既要根据一定的教育目标要求和内容范围，在预测、分析幼儿的学习需要以及年龄特点的基础上对教育活动进行必要的预设，同时要给教育活动留有足够的空间。这种空间是随时随地地为幼儿偶发的、自然生成的、即时体验的活动而准备的。具体体现在以下几个方面。

（1）活动目标的开放。教师在设置目标时要充分考虑本次活动的内容特点、班级幼儿的年龄特点、空间、时间、环境等多方面的因素考虑。

（2）内容的开放。教师在选择活动内容时既要充分预设对幼儿发展和获得知识经验有价值的活动内容，又要考虑哪些内容是幼儿真正感兴趣的内容，要留有一定的空间，允许幼儿有自己的主张和选择。

对于在活动过程中随机生成的、幼儿感兴趣的内容，教师要灵活处理，充分挖掘一切有利于幼儿发展的教育资源。同时，开放性还体现在形式的开放。教师在进行活动设计时，应当根据不同的活动内容、不同的幼儿特点等因素充分考虑活动形式的多样性和灵活性，不同内容、不同教育对象等多要求采取不同的活动形式。

二、幼儿园舞蹈教学活动的设计构架

完整的幼儿园舞蹈教学活动设计应包括基本信息、活动名称、活动目标、活动准备、活动过程、活动评价等。其中，活动过程的程序包括活动开始部分、活动基本部分、活动结束部分和活动延伸等部分。

（一）　基础信息

基础信息是指本次活动的执教单位、授课教师、教学日期、适合年龄班等相关信息。

（二） 活动主题

活动的主题即活动内容的名称，应反映出该活动的领域及内容。如：艺术活动"小鱼游"（律动）、艺术活动"请你猜猜我是谁"（音乐游戏）。

（三） 活动目标

活动目标是指这一教育活动所能达到的教育效果，是设计活动过程的依据，也是活动进行中教师应努力追求的方向．它包含有认知能力的发展、动作技能的掌握、兴趣态度和行为习惯的养成等。活动目标的制定要以幼儿年龄特点为依据，具体明确，可操作，可检验。

课例"喜羊羊与灰太狼"有三个目标定位：第一，在熟悉乐曲旋律和结构的基础上，学习集体舞"喜羊羊与灰太狼"，创编表演挖陷阱织网的动作；第二，能迅速变化往圆心和圆上走的队形；第三，体验在集体舞蹈中战胜灰太狼所带来的情感。

（四） 活动的准备工作

活动的准备工作主要是指教师在活动实施前所要做的工作。活动准备一般要包含以下三个方面。

（1）活动材料的投放：活动材料在幼儿的学习中往往起着桥梁和中介的作用，便于幼儿具体、直观地感知和体验。

（2）知识经验的准备：教师应了解对于此次活动幼儿应具有怎样的知识基础，并为幼儿奠定一定的知识经验基础，使幼儿在活动中不会因知识经验的缺乏，而难于逾越知识理解上的障碍，导致活动的失败。

（3）学习情境的创设：教师可以根据教学内容、幼儿的年龄和生活经验，创设一个生动而真实的、可亲身体验的、模拟生活的教育情境，引发幼儿参与活动的兴趣。

（五）活动过程的实施

活动过程是实施舞蹈教学活动计划的过程，一般结构可分为开始部分、基本部分和结束部分。

1. 开始部分：引导幼儿准备

教师指引幼儿准备参与活动的第一个步骤，常常采用幼儿较为熟悉的内容。这些内容的选择常常跟本次活动的内容相关，多采用律动、节奏练习等带有游戏性的活动。此部分的设计目的是让幼儿由自由、松散的状态进入精神集中、积极参与的状态，调动幼儿学习的积极性，并为新内容的学习做好铺垫。

2. 基本部分：实现活动目标

实现幼儿园舞蹈活动要求和目标的主体部分，包括教师指引幼儿参与活动，进行探索、学习、练习等过程。这部分活动在设计时要利用幼儿听、唱、跳等多渠道参与的方式，制订层层递进、不断提高的目标，增加幼儿的学习兴趣和主动性。同时，活动组织还要符合幼儿身心特点，动静交替、张弛有度，这样才能吸引幼儿，使幼儿注意力更集中。

3. 结束部分：给予幼儿收获的喜悦

通常是利用基本活动的最后一环节带领幼儿在轻松愉快的情绪中自然结束活动。主要任务是使幼儿体验到活动中获得成功的快乐，激起再次参与活动的愿望。

老师编写活动过程时要做到条理清楚、层次分明。过程中每一环节的开始，要用一个概括语来说明这一环节的任务，如"指引幼儿观察""教师示范""学习动作"等。然后另起一行，直接表述清楚"指引幼儿观察""教师示范"等的具体组织形式、活动方式和方法。要求写出具体的指导语、组织语以及启发问题。

（六） 活动评价

这是提高自身的教学技能，实现自我专业成长的重要途径，也是幼儿教师必须树立的教育理念和应该具备的教学能力。

三、幼儿园舞蹈教学活动的设计流程

（一） 活动内容的选择

幼儿园的舞蹈教学以培养幼儿学习兴趣，发展幼儿音乐舞蹈能力为主要目的，所以对幼儿知识技能的要求不能太高。要选择幼儿有兴趣和节奏感强的内容，因为有了兴趣，幼儿的学习行动就积极、主动，情绪就愉快，就更富有想象力和创造性。活动内容要符合幼儿的年龄特点，能反映幼儿日常生活，是幼儿所能理解接受的。音乐的形式要短小，节奏要鲜明，变化不要太复杂。动作要简单、形象，活动量不宜过大。

（二） 活动目标的确定

在活动大纲或教材的基础上确定本次活动的教学目标。教学目标应包括实施技能、过程方法、情感态度价值观三方面。活动目标要定得具体、明确、便于执行和检查。

（三） 活动重点、难点的确定

活动重点和难点是整个教学的核心，是完成活动任务的关键所在。幼儿只有理解了难点，其他问题就可以迎刃而解了。而难点是相对的，是幼儿常常容易误解和不容易理解的部分，不同程度水平的幼儿有不同的难点。

（四） 教学方法的选择

幼儿舞蹈的教学方法虽然多种多样，但每个活动的教学方法必须依据活动的内容和幼儿的接受能力来确定。重要的是看其教师教学方法的运用是否巧妙得当。

（五）活动过程的设计

活动过程就是活动步骤，是活动设计的重点。换言之，活动过程就是教学活动的整个流程，其中包括活动内容导入、活动内容组织、活动内容延伸等环节。幼儿园舞蹈教学活动过程的各环节要完整，结构合理、思路清晰、繁简得当，时间分配科学，对教学活动真正起到指导作用。

1.导入设计活动内容

活动内容的导入就是上课的导语。教师根据确定的教学目标、内容，精心地设计导入环节，以激发幼儿的学习兴趣，使幼儿迅速集中注意力。幼儿舞蹈教学活动的导入有游戏导入、故事导入、欣赏导入、音乐导入、观察导入、旧课导入等，教师可根据本次活动的教学需要，合理设计导入环节。

2.组织设计活动内容

活动内容的组织必须紧紧围绕着本次活动的目标、重点、难点展开，对重点给予重视，对难点要分析明白。教学内容要分步骤、分层次地写清楚，基本部分教什么、复习什么、用什么形式教，结束部分怎样总结评定等。

课例分析。

（1）课例分析一：虫儿飞。

① 活动背景。

小班幼儿初入幼儿园，对一切事物都感到好奇和陌生。他们渴望交到朋友，却又不知道如何与伙伴交往，表达感情。歌曲《虫儿飞》节奏优美抒情，很适合小班幼儿渴望亲情的情感特征，可以利用它进行小班的集体舞教学活动，希望幼儿在行列舞中找到快乐，交到朋友。

② 活动目标。

目标一：在教师语言的提示下，能在固定乐句中找到朋友，并互换位置。

目标二：愿意和同伴进行拥抱、碰头等身体接触，学跳行列集体舞。

目标三：感受与同伴交流的乐趣。

③ 活动准备。

首先准备音乐 CD、CD 机；为每名幼儿右手腕上带一个手腕花；幼儿课前听过故事《虫儿飞》，并会说《虫儿飞》儿歌。

儿歌《虫儿飞》：

星星星星满天飞，星星星星满天飞，虫儿飞，虫儿飞，你在思念谁？星星星星满天飞，星星星星满天飞，虫儿飞，虫儿飞，只要有你陪！好朋友，拉起手，转个圈，换位置，抱一抱，抱一抱，碰一碰，碰一碰。再见了，再见了！回家了，回家了。睡——觉——了！

④ 活动过程。

（幼儿成半圆形坐好，"半封闭"座位状态有利于集中幼儿注意力。）

其一，在无伴奏的情况下和教师一起重温故事《虫儿飞》，并随提示做动作。

教师：有一只小虫睡了很久很久。有一天，它醒来看到满天的星星在飞。小虫子飞过去问星星："星星，你在思念谁呀？"星星说："小虫子，小虫子我要你来陪你。"小虫子和星星成了好朋友，两个好朋友拉起手，转了一圈，相互抱了抱，碰了碰头，该回家了。好朋友相互说"再见！"小虫子飞回家，很快就睡着了，梦里它和星星又在一起了。

重温故事后，教师提问，请幼儿做动作。

问题 1：小虫子怎么睡觉的？

问题 2：小虫子怎样和星星说话？

问题 3：两个好朋友怎样拥抱，怎样碰头，怎样告别的？

幼儿回忆、总结。

其二，请幼儿听音乐随儿歌做动作。

教师：我们一起来听着音乐，说着儿歌，做一做我们刚才说过的那些动作吧！

教师和幼儿一起听音乐随儿歌做动作。

教师：小朋友们做得真好。我们现在离开小椅子做一次吧！

教师和幼儿一起离开座位练习动作。

其三，学习两两结伴进行表演。

第一步，教师示范。

教师：现在老师来为你们表演一遍。请小朋友看看，老师和你们跳的有什么地方不一样？等一下，要请小朋友回答的。

两名教师进行示范，示范"面对面找到好朋友""与好朋友拥抱""与好朋友换位置"。

第二步，幼儿站成两列学习，和伙伴一起舞蹈。

教师：我们要在"面对面找到好朋友""与好朋友拥抱""与好朋友换位置"这几个地方和好朋友一起跳舞。现在小朋友站成两列，也来试试吧！

请幼儿站成两列，找到自己的好朋友，练习"面对面找到好朋友""与好朋友拥抱""与好朋友换位置"。其中"与好朋友换位置"作为难点，可以多加练习。在练习时，可以提示幼儿与好朋友双手拉起来，沿着右手手腕花的方向走即可。

第三步，说儿歌练习。

教师和幼儿一起说着儿歌进行练习。

第四步，听音乐进行练习。

教师和幼儿一起听音乐进行练习。每次练习后，教师要和幼儿一起进行评价。可在幼儿的薄弱环节，多加讲解、练习。

其四，听音乐进行完整表演。

教师：让我们听着音乐再来试试吧！要注意"面对面找到好朋友""与好朋友拥抱""与好朋友换位置"哦！

听音乐进行完整表演。

⑤ 活动结束。

⑥ 活动评价。

在设计这个活动时，首先让幼儿欣赏乐曲，询问幼儿的感受。幼儿回答"像做梦一样！""像说悄悄话一样"……于是，教师给幼儿讲述了一个小虫子找朋友的故事。幼儿非常喜欢听。在本次活动开始时，教师又让幼儿重温了《虫儿飞》的故事，在讲故事的时候加上了简单的动作。为了方便幼儿记忆，教师还将故事概括成儿歌，这样幼儿说儿歌时，就是一种提示。

本次活动的目的就是在教师语言的提示下，幼儿能在固定乐句中找到朋友，并互换位置；愿意和同伴进行身体接触，学跳集体舞。在本次活动中，教师将"与好朋友换位置"作为重点和难点。为了不使幼儿换位置的行走方向成为"换位置"的障碍，给每名幼儿的右手腕上带了手腕花，这样在换位置时它就成为行走的标记。在活动时，幼儿依据手腕花标志的方向，进行了位置的互换。效果很好。

教师示范时，将问题前置："请小朋友看看，老师和你们跳的有什么地方不一样？等一下，要请小朋友回答的。"这样更容易吸引幼儿的注意力，让幼儿认真分辨一个人的动作和两个人的动作有什么区别。在和好朋友相互碰头、拥抱、拉手的时候，开始时，幼儿有一点不好意思，练习了几次以后，幼儿很开心。后来，一到要和同伴做身体接触的时候，他们就很兴奋。孩子们真的在行列舞中找到快乐，交到朋友。

（2）课例分析二：开火车。

① 设计思路。

教师通过创设游戏化的情境，指引幼儿根据游戏情节"开火车"，创编火车行进中过障碍的动作，并尝试在儿歌和动作的提示下，分角色合作随音乐游戏。本次活动的重难点是幼儿怎样和同伴合作，在行进动作中表现火车爬高山及钻山洞的情景。活动结束后，可以与幼儿继续讨论小火车在行进的过程中，那只有魔法的狐狸还会设置哪些障碍，并创编相应的动作，随音乐游戏，使得本游戏可以多次进行，并不断有新的内容加入，提高幼儿的兴趣。

② 活动目标。

目标一：初步学习游戏，尝试与同伴合作，在行进动作中表现火车爬高山及钻山洞的情景。

目标二：进一步学习根据儿歌的提示，在游戏情节中记忆动作的顺序。

目标三：在做行进动作时，能与同伴协调动作，控制行进的速度及伙伴间隔的距离。

③ 活动准备。

首先安排幼儿观看《开火车》动画片，了解故事梗概；再学会教师自编的儿歌；准备活动使用的图谱；准备活动必备的音乐光盘。

④ 活动过程

其一，幼儿感受音乐，创编表现儿歌中火车跑和"头头大，身体长"的上肢动作。

第一步，出示图谱，指引幼儿回忆儿歌第一部分中的内容（小火车的样子），并尝试创编相应的动作。

教师：小火车要出发了，我们可以用什么上肢动作来表示小火车跑起来呢？

请两至三名幼儿尝试创编相应动作。教师与幼儿商定其中一种。

老师：我们可以用什么上肢动作来表示"头头大、身体长"这句儿歌呢？请2~3名幼儿尝试做出相应动作，教师与幼儿商定其中一种。

第二步，幼儿原地随音乐用自己做出的动作进行游戏。

教师：我们用自己创编的动作来随着音乐游戏吧。

其二，集体探索"小火车找哨子"的游戏玩法。

教师第一步，集体讨论第一段音乐火车行进动作并随音乐做原地练习。

进行动作、语言提示，幼儿练习火车行进的动作；播放第一段音乐，幼儿练习并加入之前创编的动作。

第二步，集体讨论第二段音乐爬高山及钻山洞的动作并随音乐做原地练习。

教师进行动作、语言提示，幼儿练习爬高山的动作；播放第二段音乐，幼儿练习。

第三步，集体讨论第三段音乐钻山洞的动作并随音乐做原地练习。

教师提示动作、语言提示，幼儿练习钻山洞的动作；播放第三段音乐，幼儿练习。

⑤ 随音乐完整体练习。

其三，幼儿随音乐集体游戏。

根据幼儿人数的多少，教师播放相应遍数的音乐，让队伍中的每一名幼儿都有机会做火车头、高山、山洞，多次练习。

其四，邀请客人老师加入游戏。

⑥ 活动延伸。

教师与幼儿共同讨论小火车在行进的过程中，那只有魔法的狐狸还会设置哪些障碍，并创编相应的动作，随音乐游戏。

⑦ 活动评价。

整个活动情境化的教学、游戏的方式是教师引领幼儿感知乐曲、参与游戏的重要手段及策略。

在教学环节中第一个环节也是以情境激发幼儿的兴趣，初步感知游戏的过程。教师用幼儿感兴趣的动画片故事为引子，一开始就为幼儿创设本次游戏活动必要的环境，同时为解决音乐的性质问题进一步做准备。

在活动的第二个环节是理解内容，感知音乐的游戏性并积极参与游戏，分三个步骤。

首先，运用儿歌的提示并与音乐相结合，让幼儿在倾听中找到音乐与游戏活动之间的规律。这个规律既是音乐的性质，又是游戏的主要玩法。这些都来源于幼儿自己的感知、创编实践。

其次，初步感知乐曲结构，运用形象的火车爬高山、钻山洞的动作揭示幼儿对于音乐特点的理解。

最后，在多次的游戏中帮助幼儿充分感知乐曲及游戏的性质。整个游戏过程教师都作为幼儿活动的支持者、指引者和合作者参与到其中，发挥师幼互动、优化活动的作用。

活动设计既要符合幼儿的心理和活动的创新需要，也使本活动更有延续性，为幼儿继续玩这个游戏提供了良好的基础。

第四节 幼儿舞蹈的表演技巧

幼儿舞到的表演技巧包括两大因素，一是幼儿舞蹈作品的编创，二是幼儿自身的表演。

创编幼儿舞蹈在技术过程上与成人舞蹈的创作基本一致，都要经过构思、选材、结构、编舞、构图这几个主要环节。但由于对象的特殊性，幼儿表演舞有别于成人舞蹈，因此，在创作过程中既要遵循舞蹈艺术的创编规律，又要体现幼儿表演舞的特点，才能创作出为幼儿所喜闻乐见的作品。

一、幼儿舞蹈表演的作品编创

（一）构思与选材

幼儿舞蹈的表演技巧表现在幼儿舞蹈题材的选择，是编导通过对幼儿生活的观察、体验以及对幼儿情感的了解，通过筛选生活材料，将其提炼为舞蹈创编的内容依据。选材的恰当与准确是决定作品成败的关键，选材不当往往后患无穷。因此，要精心地选择具有浓郁幼儿特点的、便于舞蹈表现的题材，是获得创作成功的先决条件。幼儿舞蹈选择什么样的题材比较恰当呢？

1. 选择题材要易于表现

舞蹈是用人的身体动作语言去表现内容的。因此，幼儿舞蹈的题材一定是幼儿生活中动作性强的材料，能使幼儿动起来，舞起来的。

2. 选择抒情性强的题材

舞蹈是一门长于抒情的艺术。它是通过动作来表露情感的。人们在生气时往往拍桌打椅，高兴时往往欢呼雀跃，着急时团团转，悲痛时捶胸顿足，这些情态都是"情动于中而形于外"，这一特点与舞蹈的特性恰好吻合。同时，幼儿的心理特点也决定了他们爱用直接的、外露的动作表达和抒发情感。所以，幼儿舞蹈需选择抒情性强的题材。

3．选择观看性强的题材

舞蹈不能用口头和文字语言叙事，而主要通过直观的动作和视觉来感知。因此，幼儿舞蹈的题材一定要注重可视性。加之幼儿理解事物的能力较弱，对辅助性表现手段的理解比较困难，只有可视性强的作品，才易于幼儿理解。

4．选择幼儿熟知的题材

幼儿对没有经历过的、不了解的事物很难理解，而对熟悉的或曾经感知过的事物很容易引起共鸣，幼儿舞蹈要围绕幼儿生活，选择幼儿熟悉的题材，就便于幼儿理解。同时．由于舞蹈的表现是比较抽象的，更应选择幼儿易于理解的题材。

5．选择抓眼球的题材

由于幼儿生活面不够广阔，也就使幼儿舞蹈题材受到相应的局限，只有拓展选材的角度才能获得更广泛的舞蹈题材。例如，"牧鸭"已是许多成品舞蹈成功表现的题材，要选它作为创编幼儿舞蹈的题材，必须从新颖的角度切入，才有新意，才不落俗套。《牧鸭乐》从牧鸭女与群鸭的关系中找到了良好的角度，使舞蹈创作取得成功。

6．选择内容色彩感强的题材

在幼儿的内心世界中充满了五彩斑斓的色彩，他们喜欢鲜艳的、明朗的、浓烈的色彩。在幼儿舞蹈选材时也要注意幼儿的这一心理特点，选择内容色彩感强的题材。例如，《郊游》，青山绿水，鲜花烂漫；《雪花》，洁白的雪，鲜红的衣帽；《嬉雨》，葱绿的柳枝，晶莹的雨丝；《小猪噜噜》，粉红的连体服上斑斑黑点，活蹦乱跳的小猪娃娃形象跃然眼前。这些题材本身就具有浓烈的色彩，配以形象鲜明的动作，就能深深地吸引幼儿的注意，使小观众在不知不觉中获得审美体验。

总之，当教师在选择确定幼儿参演舞蹈的题材过程中，脑海中就能升腾起动作、画面的构想时。这个题材一定适合编舞。

材料选定后，紧接着就要对整个舞蹈进行全面的、宏观的构思。如情节舞，要将情节线梳理清楚；情绪较强的舞蹈要将情绪的起伏变化处理好，如同写文章打腹稿的过程。构思时要考虑以下问题。突出的主题是什么？如何取舍素材？有何情节？情节如何发展？表达什么情绪？情绪怎样起伏变化？采用何种形式表现最恰当？以什么舞蹈素材塑造什么样的形象？对音乐有何构想与要求？对画面、舞美、整体效果要进行初步构思。

在进行构思时，要找到新颖的"亮点"。"亮点"是高潮处最鲜明、最准确的手段。"亮点"可能是一个独特的动作，也可能借助于别的手段。

（二）　舞蹈的结构

舞蹈的结构是把参演舞蹈的思想、情节、人物作一番巧妙的安排，通过舞蹈艺术形象的构思和舞蹈表现形式的创造，构成一个完整的舞蹈艺术作品的台本，表达舞蹈编导所需要表现的意图。这是舞蹈创作中非常重要的一环。

（三）　编舞技法与指导

当前述步骤完成后，第三步就进入编舞的具体操作阶段，编舞技法与指导的技巧体现在，编舞过程就是将舞蹈形象转化成舞台上具体可视的形象。

在编舞过程中，着重应掌握的技法有以下三种。

1. 确定与设计主题动作

主题动作的形成犹如细胞核的产生，有了这个核，细胞才能产生裂变，才能发育成长为一个生物体。因此，主题动作一定是准确、高度概括地体现形象、风格的一个或由 1~3 个动作组成的一小串动作，它的 4 个基本元素必须具有自己独特的风格，并便于发展、变化。选择设计主题动作要考虑以下几个问题。

（1）要从作品内容的需要出发，按创作意图的提示去设计。

（2）从音乐提供的形象中获得启示，与音乐形象贴近。

（3）按照人物形象的要求设计。

（4）从情绪的基调出发去思考、选择。

（5）在所选用的素材风格考虑，不脱离素材的基本风格。

（6）要便于发展、变化动作。

在设计主题动作的过程中往往要用很大的精力苦苦思索，主题动作是否能准确找到是创作成功与失败的关键。因此，创作教师要设身处地地以角色的身份去体验和考虑。

2．动作的发展变化

编舞技法之二即动作的发展变化。有了形象鲜明的主题动作还不能形成一个舞蹈作品，必须将这个主题动作扩展，派生出若干个有机联系着的系列动作。不少人由于没有掌握动作发展变化的方法，往往受到思维定式与素材量的限制，而感到缺乏动作，或很难将好的构思用动作语言准确地表现出来。最简单、最易掌握的方法是将动作的四个基本元素解构，根据创意与音乐的变化将其中某一个或某几个元素保留，而改变其他元素，使其形成有内在联系的新动作，也就是说在后一个动作中仍能看到前一个动作的某些部分。

在进行动作变化练习的过程中，应首先保留其中大部分元素，改变其中小部分元素，使整体形象与风格保持一致，然后再逐步扩大改变的部分。在已变化的动作上，还可以派生出许多动作语言来，只要遵循变化的原则，始终为准确表现舞蹈内容、塑造共同的舞蹈形象服务，就不会轻易走到歧途上去。

当然，舞蹈创编是一种艺术创造，作品的产生不仅仅依靠技术操作，在很大程度上，它受灵感、冲动的支配，而灵感与冲动是创作者长期积淀的文化底蕴与自身创造潜能的发挥的产物。我们要创编出优秀的幼儿舞蹈作品来，仍需要加强自身文化艺术修养与生活经验的积累。

3．参演舞蹈的造句与舞段编排

编舞过程中的造句是根据结构中该部分所要表达的含义将若干动作组织成语句，向观众表述，使观众看懂、理解。在连接动作成舞句时要以内容、音乐与结构为依据，要能有机地连接动作，动作之间的衔接、过渡要流畅自如，表意要一致、准确。

连接舞句时要注意以下几点。

（1）幼儿舞蹈舞句一般不宜过长，表意比较直接、明了。

（2）句子中动作之间的衔接要自然、流畅，悄然过渡，不能有牵强与别扭的感觉。

（3）前句与后句之间的衔接要意思连贯。

（4）可灵活运用重复、对称、对比、起伏、交替等手段组织句子。

（5）可在方向、节奏、速度、力度上做文章。

舞句的组织如同写文章的造句，总的原则是要表意准确、通顺、连贯。在造句的同时就要进行舞段的编排，舞段编排要注意以下几点。

（1）意义有序地延伸。根据结构要求有序地表达舞段的内容与情感。

（2）形象集中、统一。舞段的编排中始终要突出主题形象，前后必须统一。

（3）风格保持一致。每一舞句、每一舞段都要统一在同一种风格基调上，不得杂乱。

（4）注意整体构图与画面布局的协调性。构图与画面的设计是编舞技法之四，在编舞段时应考虑到舞段之间构图与画面的整体关系，使之与舞段所表达的内容与要塑造的形象不产生矛盾，而为其增光添彩。

（四）舞蹈构图指导

舞蹈构图是指舞蹈中的人物在舞台上活动时舞台位置的移动所形成的路线与位置变化构成的排列在人的视觉上产生的画面效果。它包括舞蹈移动线和舞蹈画面两部分。

舞蹈构图指导的技巧，主要是画面的形成与变化要靠移线来连接，移动线是画面与画面变化的过程。画面是移动过程中的停顿，二者各有其基本特性。

1．舞台移动线及其基本特征

（1）平行移动线——一般表现平静、自如和稳定的情绪。

（2）斜线移动——一般表现有力地推进，有纵深感和延续感。

（3）向前的竖线移动——有力的压迫感与距离的由远及近的感觉。

（4）弧线的移动——柔和、流畅的感觉。

（5）折线移动——给人游动、不稳定的活跃之感。

在运用移动线时要根据舞蹈内容的需要、环境气氛需要、人物活动需要，结合其基本特征加以选择运用。运用时不能死板教条，而应结合作品的需要灵活处理，可组成复线．还可在力度、速度上进行处理，取得烘托作品所需要的艺术效果。

2．舞蹈画面的作用

舞蹈画面是指舞台上活动的人物运动或静止地分布在舞台的固定位置上，形成了多样的造型构图。观众可以从这些构图中感受到某种情感和思想意图。通常见到的运用于舞蹈中的构图有以下几种。

（1）横排——给人以平稳、开阔的感觉；

（2）方形——给人以稳定、饱满的感觉；

（3）三角形——给人以十分有力的感觉；

（4）圆、弧形——透着柔和流畅的感觉；

（5）菱形、梯形——一般给人开阔的感觉。在幼儿舞蹈中，舞蹈移动线和画面并不复杂，但必须根据作品内容的需要恰当地选择，巧妙地搭配，使其充分发挥展示人物情感、描述特定环境、烘托特定气氛的作用。

（五）舞台服装道具的设定

在舞蹈作品形成后，对舞蹈服装的选择与设计不能掉以轻心。首先，服装的设计不能影响动作的表演，不能让演员戴太多的装饰物。幼儿舞蹈服装应突出幼儿的特点。切忌大、繁、旧。在服装设计上应注意色彩的选择及搭配，鲜艳明亮的颜色在幼儿舞蹈服装上运用得较多，也较能体现儿童多彩的生活和乐观向上的积极心态。

在表演中，道具不仅可以丰富舞蹈语汇，加强舞蹈作品的表现力，还是舞蹈作品有机的组成部分。

二、提高幼儿舞蹈表演技能的因素

幼儿舞蹈的表演是一个繁杂的工程，主要培养幼儿相互沟通、相互配合、相互提高技能的过程。整个过程是对幼儿的表现力、凝聚力和艺术力的综合体现。因此，提高学幼儿舞蹈表演效果，不仅仅是对幼儿学习中动作要求、节奏要求、队形变化的要求，更是一个整体性和一个团队的要求。

（一）表演内涵

幼儿舞蹈表演，要求表演者首先要对参演舞蹈的内容非常熟悉，要有幼儿自身独特的理解、思考和艺术表现。不仅是对舞蹈动作的理解，更重要是对音乐特殊感悟，结合舞蹈老师的编排，对参演舞蹈的主题进行把握和调控。

（二）细化表演过程

幼儿舞蹈的表演已属于二度创作，如果教师在每一个细节不能做到深思熟虑，就无法让幼儿达到完美的表演。幼儿要做到表演前细化每一个动作，在训练中，可以要求幼儿把动作分解，放慢三倍来学习，每个动作是从几方位到几方位，舞姿状态在什么节奏中学习才突出效果，眼神是从哪里看到哪里，整个路线、过程学习清楚，才能做到表演自如。在学习过程中，教师不能让幼儿从头到尾一遍又一遍地跳，但一定要反复学习重点，分句分段进行逐段巩固，重复地训练。在表演中教师要让幼儿发挥好带领的作用，不仅让幼儿之间比较融合，而且能提高整体参演舞蹈的舞台效果。因为带领者的模范作用，让所有幼儿都向带领者看齐，从而提高整体表演水平。总的来说，教师选择领舞幼儿不单纯是技术上的问题，而是针对幼儿心理和思想上的培养，让其在整台表演中发挥核心力量，成为队伍中的主心骨，共同为舞蹈拼搏。

（三） 激发幼儿的表演欲望

教师与幼儿之间的交流也只是在课堂上的交流，很多时候幼儿向教师展现的肢体语言并不是全部的，教师也不能完全了解幼儿的内心。然而幼儿中的生活趣事是提高双方交流的捷径，如果能善于发现和把握幼儿的生活趣事会让幼儿与教师的距离拉得更近，更深入地表达着互爱与关心，把握内心深处的情愫，是幼儿用肢体传递信息的一次亲身经历的感受，是挖掘幼儿的潜力，让幼儿对舞蹈表演有依恋，让幼儿对班级有荣誉感和依赖感的真实体现。

总之，幼儿舞蹈表演技能不仅仅是演出层面的问题，更不是一个感性的问题，而是一个复杂的综合性问题。幼儿舞蹈演出技能不能简单地认为是一个动作与音乐结合的问题，它涉及生理和心理的问题，它并不是舞蹈动作的本身与音乐的理解的问题，而是对幼儿思想高度的统一、心灵深处的感悟。了解幼儿的心理，是让幼儿为了一个目标而努力的核心问题。这就是一个多重性、高度协调、智慧与技术结合的重要过程。要综合多层次的知识，多方位去把握整体，才能顺利地完成幼儿舞蹈表演的艺术展示。因此，幼儿舞蹈不仅对幼儿是一个全面的认识与把握，更是对教师智慧与技术的考验，是对教师思想、心理、统筹上的全方位的要求。

参考文献

[1] 李华华. 浅谈幼儿舞蹈教学中的兴趣培养[J]. 黄河之声，2014（15）：67-68.

[2] 杜玉. 试论怎样指引幼儿进入舞蹈世界[J]. 戏剧之家，2015（1）：112-113.

[3] 袁晓琳. 浅谈舞蹈教学中培养幼儿创造性的意义与作用[J]. 中国校外教育，2014（28）：154.

[4] 杨希. 浅谈如何做好幼儿舞蹈教学[J]. 戏剧之家（上半月），2013（11）：267.

[5] 赵雪荣. 幼儿舞蹈教学新方法实践探究[J]. 宿州教育学院学报，2016（2）：166-167.

[6] 梁丽艳. 如何培养幼儿舞蹈的兴趣[J]. 科技创新导报，2015（8）：183+185.

[7] 高菲菲. 浅析模仿在幼儿舞蹈教育中的意义[J]. 科教文汇（下旬刊），2012（11）：84+89.

[8] 袁学武. 微课在幼师舞蹈教学中的巧妙运用[J]. 现代职业教育，2015（8）：26-27.

[9] 谭纯. 浅谈课堂教学中的幼儿舞蹈组织艺术[J]. 音乐时空，2013（5）：121.

[10] 杨雪. 对少儿舞蹈教育的思考与探讨[J]. 青年文学家，2010（17）：80.

[11] 成宇丽. 幼儿舞蹈教育现状及思考[J]. 黄河之声，2013（19）：65-66.

[12] 王程玉. 浅谈幼儿舞蹈教育——怎样指引幼儿进入舞蹈世界[J]. 音乐时空（理论版），2012（5）：136-137.

[13] 李静. 浅谈学前教育专业幼儿舞蹈课程设计与改革[J]. 潍坊教育学院学报，2010（4）：68-69.

[14] 魏振雷. 幼儿舞蹈教学策略的创新[J]. 艺海，2012（8）：142.

[15] 孙俏. 谈幼儿舞蹈教育的作用[J]. 艺海，2012（6）：103.

[16] 王白璇子. 少儿舞蹈教育作用及应注意问题[J]. 新西部（下旬·理论版），

2011（8）：193+205.

[17] 王丽娟.从舞蹈之美走向心灵之美——对儿童舞蹈教育育人功能的几点认识[J].艺术教育，2010（8）：60.

[18] 罗棚.学前教育专业学生舞蹈基础训练对策研究[J].当代音乐，2016（11）：60-61.

[19] 王鹃.以"身体灵动"为核心的舞蹈教育观——评《民族舞蹈技能训练之教学模式研究》[J].大学教育科学，2015（4）：2.

[20] 杨红英.舞蹈与幼儿舞蹈创编[M].大连：大连理工大学出版社，2014.

[21] 何银强.浅谈如何提高幼儿舞蹈教学魅力[J].北方文学（下半月），2012（6）：174.

[22] 赵婉转.幼儿舞蹈课中的表现力指引教学[J].内江科技，2012（8）：193.

[23] 孟迪.浅谈幼儿舞蹈教学中的分类与特点[J].音乐时空，2016（10）：176+175.

[24] 蒋丽娜.浅析幼儿舞蹈教学中的审美教育[J].才智，2012（29）：57.

[25] 杜涓，姜媛.幼儿园舞蹈教学活动中培养幼儿礼仪素养策略初探[J].黄河之声，2014（7）：64-65.

[26] 陈洁.浅谈游戏性幼儿舞蹈教育[J].新课程（上），2014（5）：32-33.

[27] 杨晓颖.浅析学前舞蹈教育的游戏教学法[J].大家，2012（3）：109-110.

[28] 李丁辛.我国幼儿舞蹈教育的现状[J].北方文学（下半月），2011（12）：176.

[29] 李婷.回首与前瞻——由中国舞蹈教育引发的思考[J].舞蹈，2010（11）：54-55.

[30] 杨建中.浅谈音乐在舞蹈训练中的教育作用[J].舞蹈，2010（6）：58-59.

[31] 叶晖.舞蹈教学中的分层教学法探讨[J].舞蹈，2010（4）：54-55.

[32] 曾大地.幼儿舞蹈教育及意义浅析[J].大舞台，2010（1）：142-143.

[33] 董丽.幼儿园舞蹈教学活动设计与指导[M].北京：北京大学出版社，2014.

[34] 张春河.幼儿舞蹈创作实用教程[M].上海：复旦大学出版社，2013.

[35] 彭丽云. 游戏与学前儿童发展[M]. 南京：东南大学出版社，2013.

[36] 胡箭. 幼儿教育学基础[M]. 北京：北京师范大学出版社，2013.